Kuhinja Kiwi

Raziščite najboljše novozelandske kuhinje z več kot 100 tradicionalnimi in sodobnimi recepti za kivi, ki bodo razveselili vaše brbončice

Simon Babič

KAZALO

UVOD

Dobrodošli v kuhinji Kiwi, kjer vas vabimo, da se podate na kulinarično popotovanje skozi edinstvene okuse in raznoliko prehranjevalno kulturo Nove Zelandije. Ta kuharska knjiga slavi najboljše iz kuhinje Aotearoe, od tradicionalnih maorskih jedi do sodobne fuzijske kuhinje. Z več kot 100 recepti boste raziskovali okuse dežele dolgega belega oblaka, od sočnih morskih sadežev do sočnega mesa, okusnih vegetarijanskih in veganskih jedi ter seveda sladkih dobrot, ki jih obožujejo kiviji.

Kuhinja s kivijem, tradicionalni recepti, fuzijska kuhinja, maorske jedi, morski sadeži, meso, vegetarijansko, vegansko, sladke dobrote, sezonski izdelki, lokalne sestavine, tradicionalne kuharske tehnike, kulinarična avantura, novozelandska kultura hrane, sauvignon blanc.

Kivi je majhen sadež, običajno manjši od običajnega jabolka ali pomaranče. Vendar naj vas njegova velikost ne zavede. Kivi je poln številnih okusov in je odličen vir prehrane. Kivi, imenovan tudi kivi, kitajska kosmulja ali jang tao, izvira iz severne Kitajske, kjer so ga večinoma uživali v medicinske namene.

Kako dober je kivi za vas? Tukaj je nekaj razlogov, da postane kivi redni del vaše prehrane:

- Izboljša zdravje dihal
- Ima pomembno vlogo pri zdravem srcu
- Podpira zdravje oči
- Pomaga do kakovostnejšega spanca
- Preprečuje strjevanje krvi
- Lahko pomaga pri astmi
- Izboljša prebavo
- Pomaga pri uravnavanju krvnega tlaka
- Podpira delovanje imunskega sistema
- Zmanjšuje poškodbe DNK
- Bori se proti vnetju
- Izboljša zdravje kože
- Podpira hujšanje

ZAJTRK

1.   Sk   lede s kivijem in papajo

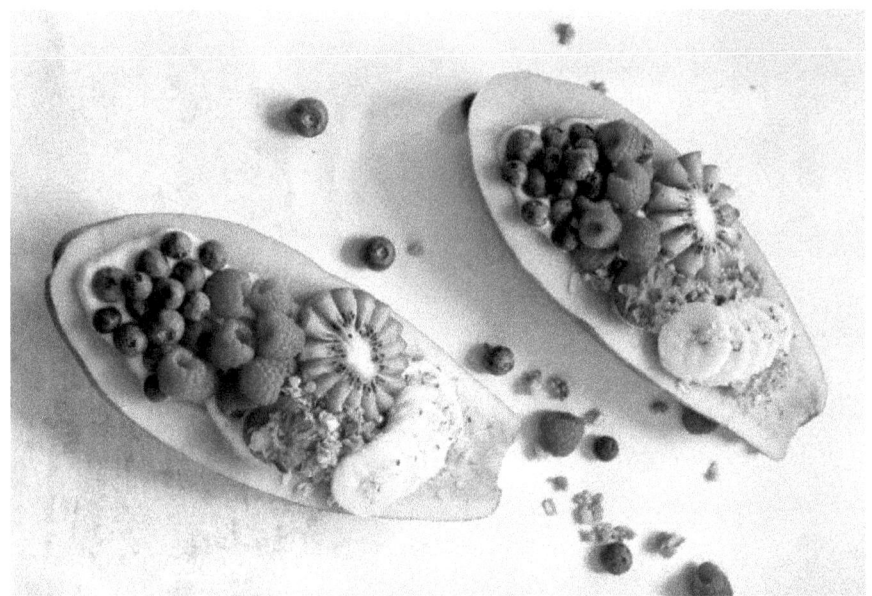

Naredi: 4 porcije

SESTAVINE

- 4 žlice amaranta, razdeljene
- 2 majhni zreli papaji
- 2 skodelici kokosovega jogurta
- 2 kivija, olupljena in narezana na kocke
- 1 velika roza grenivka, olupljena in narezana na segmente
- 1 velika pomaranča za popek, olupljena in razrezana na segmente
- Konopljina semena
- Črna sezamova semena

NAVODILA

a)   Visoko široko ponev segrevajte na srednje močnem ognju nekaj minut. Če je ponev dovolj vroča, preverimo tako, da dodamo nekaj zrn amaranta. V nekaj sekundah bi morali zatrepetati in počiti. Če ne, ponev segrevajte še minuto dlje in ponovno preizkusite. Ko je ponev dovolj segreta, dodajte 1 žlico amaranta.

b)   Zrna naj začnejo pokati v nekaj sekundah.

c)   Lonec pokrijte in občasno pretresite, dokler ne popokajo vsa zrna. Pokočen amarant stresite v skledo in ponovite s preostalim amarantom, po 1 žlico naenkrat.

d)   Papaje prerežite na pol po dolžini, od stebla do repa, nato odstranite in zavrzite semena. Vsako polovico napolnimo s pokočenim amarantom in kokosovim jogurtom.

e)   Po vrhu naložite krhlje kivija, grenivke in pomaranče ter potresite s konopljinimi in sezamovimi semeni.

2. Borovničevo ovsene jogurtove palačinke

Naredi: 6 obrokov

SESTAVINE

- ½ plus ⅓ skodelice bele polnozrnate pšenične moke
- ½ skodelice staromodnega valjanega ovsa
- 1 ½ čajne žličke sladkorja
- ½ čajne žličke pecilnega praška
- ½ čajne žličke sode bikarbone
- ¼ čajne žličke košer soli
- ¾ skodelice grškega jogurta
- ½ skodelice 2% mleka
- 1 čajna žlička olivnega olja
- 1 veliko jajce
- ½ skodelice borovnic
- 12 na tanke rezine narezanih jagod
- 2 kivija, olupljena in na tanke rezine narezana
- ¼ skodelice javorjevega sirupa

NAVODILA

a)   Segrejte nelepljivo rešetko na 350 stopinj F ali segrejte nelepljivo ponev na srednje močnem ognju. Rešetko ali ponev rahlo premažite s pršilom proti prijemanju.

b)   V veliki skledi zmešajte moko, oves, sladkor, pecilni prašek, sodo bikarbono in sol. V veliki stekleni merilni skodelici ali drugi skledi zmešajte jogurt, mleko, olivno olje in jajce.

c)   Mokro mešanico prelijte čez suhe sestavine in z gumijasto lopatico premešajte, dokler ni vlažna.

d)   Dodajte borovnice in nežno premešajte, da se združijo.

e)   Delajte v serijah, zajemajte ⅓ skodelice testa za vsako palačinko na rešetko in kuhajte, dokler se na vrhu ne pojavijo mehurčki in spodnja stran ni lepo porjavela približno 2 minuti. Palačinke obrnite in pecite še na drugi strani 1 do 2 minuti dlje.

f)   Palačinke, jagode, kivi in javorjev sirup razdelite v posode za pripravo obroka. Pokrita bo v hladilniku zdržala 3 do 4 dni.

g)   Za ponovno segrevanje postavite v mikrovalovno pečico v 30-sekundnih intervalih, dokler se ne segreje.

3. <u>Kivi zajtrk</u>

Naredi: 1 porcijo

SESTAVINE
- 1 hruška
- 2 stebli zelene
- rumeni kivi
- 1 žlica vode
- ½ čajne žličke mletega ingverja

NAVODILA
a)   Hruške, zeleno in enega od kivijev narežite na velike kose in v mešalniku zmešajte z 1 žlico vode, dokler ne dobite gladke konsistence.

b)   Na vrh položite drugi kivi, narezan na koščke, in mlet ingver.

4. **Ovsena kaša s pomarančno marmelado**

Naredi: 4

SESTAVINE
- 2 skodelici staromodnega ovsa
- 2 ¼ skodelice vode
- 2 ¼ skodelice mleka
- ½ čajne žličke soli
- ½ čajne žličke mletega cimeta
- ¼ skodelice sladkorja
- 2 žlici navadnega grškega jogurta z nizko vsebnostjo maščob
- 2 žlici pomarančne marmelade
- Rezine pomaranče in kivija

NAVODILA
a)   V instant lonec dodajte vse sestavine razen okrasa.

b)   Zavarujte pokrov štedilnika in pritisnite funkcijsko tipko "Ročno".

c)   Čas nastavite na 6 minut in kuhajte pri visokem tlaku.

d)   Po pisku naravno sprostite pritisk in odstranite pokrov.

e)   Pripravljene ovsene kosmiče premešamo in postrežemo v skledi.

f)   Okrasite z rezinami pomaranče in kivija na vrhu.

5. Francoski toast s kivijem

Naredi: 2

SESTAVINE
- Kruh
- pol skodelice mleka
- 2 jajci
- srček
- izvleček vanilije
- muškatni orešček
- cimet
- maslo
- kivi

NAVODILA
a)   Vse sestavine, razen kruha, premešamo z vilicami. V mešanico namočite kose kruha.
b)   V ponvi s stopljenim maslom prepražimo do zlato rjave barve.
c)   Prenesite na servirni krožnik.
d)   Na vrh dodajte košček masla in eno žlico medu.
e)   Okrasite s svežim kivijem in uživajte!

6. Chia puding z mavrično limeto

SESTAVINE

- 1 ¼ skodelice 2% mleka
- 1 skodelica 2% navadnega grškega jogurta
- ½ skodelice chia semen
- 2 žlici medu
- 2 žlici sladkorja
- 2 žlički limetine lupinice
- 2 žlici sveže iztisnjenega limetinega soka
- 1 čajna žlička vanilijevega ekstrakta
- 1 skodelica sesekljanih jagod in borovnic
- ½ skodelice na kocke narezanega manga in ½ skodelice na kocke narezanega kivija

NAVODILA

a) V veliki skledi zmešajte mleko, jogurt, chia semena, med, sladkor, limetino lupinico, limetin sok, vanilijo in sol, dokler se dobro ne premešajo.

b) Mešanico enakomerno razdelite v štiri (16 unč) zidane kozarce. Pokrijte in hranite v hladilniku čez noč ali do 5 dni.

c) Postrezite hladno, obloženo z jagodami, mangom, kivijem in borovnicami.

7. Borovnica Spirulina čez noč Oves

Naredi: 1

SESTAVINE
- ½ skodelice ovsa
- 1 žlica naribanega kokosa
- ⅛ čajne žličke cimeta
- ½ čajne žličke spiruline
- ½ skodelice rastlinskega mleka
- 1 ½ žlice rastlinskega jogurta
- ¼ skodelice zamrznjenih borovnic
- 1 čajna žlička konopljinih semen po želji
- 1 kivi, narezan

NAVODILA

a)   V kozarec ali skledo dodajte oves, nastrgan kokos, cimet in spirulino. Nato dodajte rastlinsko mleko in kokosov ali naravni jogurt.

b)   Na vrh dodajte zamrznjene borovnice in kivi. Hladite čez noč ali vsaj za eno uro ali več.

c)   Pred serviranjem po želji dodamo konopljina semena. Uživajte!

8. Limetin laneni puding

Naredi: 1 porcijo

SESTAVINE

- 1 ¼ skodelice 2% mleka
- 1 skodelica 2% navadnega grškega jogurta
- ½ skodelice lanenih semen
- 2 žlici medu
- 2 žlici sladkorja
- 2 žlički limetine lupinice
- 2 žlici sveže iztisnjenega limetinega soka
- 1 čajna žlička vanilijevega ekstrakta
- 1 skodelica sesekljanih jagod in borovnic
- ½ skodelice na kocke narezanega manga in ½ skodelice na kocke narezanega kivija

NAVODILA

c)   V veliki skledi zmešajte mleko, jogurt, lanena semena, med, sladkor, limetino lupinico, limetin sok, vanilijo in sol, dokler se dobro ne premešajo.

d)   Mešanico enakomerno razdelite v štiri zidane kozarce.

e)   Pokrijte in hranite v hladilniku čez noč ali do 5 dni.

f)   Postrezite hladno, obloženo z jagodami, mangom, kivijem in borovnicami.

9. Matcha in Butterfly pea Smoothie Bowl

Naredi: 1

SESTAVINE
- 1 skodelica špinače
- 1 zamrznjena banana
- ½ skodelice ananasa
- ½ čajne žličke visokokakovostnega matcha prahu
- ½ čajne žličke vanilijevega ekstrakta
- ⅓ skodelice nesladkanega mandljevega mleka

PRELIV
- Kovnica
- kivi
- Borovnice
- Chia semena
- Posušeni cvetovi metuljevega graha

NAVODILA
a) Vse sestavine za smoothie dajte v blender.
b) Utripajte, dokler ni gladka in kremasta.
c) Smoothie prelijemo v skledo.
d) Potresemo s prelivi in takoj pojemo.

10. Sklede s papajo vitamina C

Služi 4

- 4 žlice (40 g) amaranta, razdeljenega
- 2 majhni zreli papaji (približno 1 funt ali 455 g vsaka)
- 2 skodelici (480 g) kokosovega jogurta
- 2 kivija, olupljena in narezana na kocke
- 1 velika roza grenivka, olupljena in narezana na segmente
- 1 velika pomaranča za popek, olupljena in razrezana na segmente
- Konopljina semena
- Črna sezamova semena

1   Visoko široko ponev segrevajte na srednje močnem ognju nekaj minut. Če je ponev dovolj vroča, preverimo tako, da dodamo nekaj zrn amaranta. V nekaj sekundah bi morali zatrepetati in počiti. Če ne, ponev segrevajte še minuto dlje in ponovno preizkusite. Ko je ponev dovolj segreta, dodajte 1 žlico (10 g) amaranta. Zrna naj začnejo pokati v nekaj sekundah. Lonec pokrijte in občasno pretresite, dokler ne popokajo vsa zrna. Pokočen amarant stresite v skledo in ponovite s preostalim amarantom, po 1 žlico (10 g) naenkrat.

2   Papaje prerežite na pol po dolžini, od stebla do repa, nato odstranite in zavrzite semena. Vsako polovico napolnimo s pokočenim amarantom in kokosovim jogurtom. Po vrhu naložimo krhlje kivija, grenivke in pomaranče ter potresemo s konopljinimi in sezamovimi semeni.

PREDJEDI

11. Ingvirjeni kivi

Za 4 porcije

SESTAVINE

- 3 žlice sladkorja
- 3 žlice vode
- 2 žlici kristaliziranega ingverja, mletega
- ¼ čajne žličke vanilijevega ekstrakta
- 4 olupljeni in narezani kiviji
- 2 pomaranči, olupljeni in narezani

NAVODILA

a)   V majhni ponvi na srednje močnem ognju zmešajte sladkor, vodo in ingver. Zavremo.

b)   Ob stalnem mešanju kuhajte, dokler zmes ne postane lahkega sirupa, približno 3 minute.

c)   Odstranite z ognja in vmešajte vanilijo. Rahlo ohladimo.

d)   V desertni posodi nežno premešajte sadne rezine in ingverjev sirup, dokler se dobro ne premešata.

e)   Pokrijte in ohladite, dokler se dobro ne ohladi, približno 2 uri.

12.   Spomladanske zavitke iz banane in kivija

Naredi: 6 obrokov

SESTAVINE

- 3 velike čvrste, zrele banane
- 3 srednje velikosti Trden, zrel kivi, olupljen in narezan na rezine
- 6 zavitkov spomladanskih zavitkov
- 3 žlice svetlo rjavega sladkorja
- 1 velik beljak, rahlo stepen
- Arašidovo olje, za globoko cvrtje
- Slaščičarski sladkor, za posipavanje zvitka

NAVODILA

a)   Banano po dolžini prerežite na pol. Eno banano položite s prerezano stranjo navzgor na delovno površino in položite 3 do 5 rezin kivija.

b)   Na vrh položite drugo polovico banane.

c)   Trdno držite banano in jo prečno prerežite na pol. Ponovite s preostalo banano in kivijem. Ovoj spomladanskega zavitka položite na delovno površino z vogalom obrnjen proti sebi. Nadevano polovico banane položite vodoravno čez sredino ovoja.

d)   Banano potresemo z 1½ čajne žličke rjavega sladkorja. Za spodnji vogal zavijte čez banano in jo podtaknite. Zapognemo ob straneh in banano zvijemo skoraj do konca.

e)   Zgornji kot premažite z malo beljaka, zvijte in močno pritisnite, da se zapre.

f)   Na enak način pripravimo ostale zvitke. V vok ali globoko ponev nalijte olje do globine 2 palcev in ga segrejte na srednje močnem ognju na 375.

g)   Cvrete zvitke, tri naenkrat, do temno zlate barve, približno 4 minute. Med cvrtjem večkrat obrnite. S kleščami ali žlico z režami prenesite na dvojno plast papirnatih brisač, da se odcedijo. Ponovite z ostalimi zvitki.

h)   Zavitke položimo na posamezne krožnike in jih potresemo s slaščičarskim sladkorjem. Če želite, prelijte s kokosovim rumom ali drugo stepeno smetano.

i)   Postrezite takoj.

13. <u>Brusketa s kivijem, jagodami in modrim sirom</u>

Naredi: 12 obrokov

SESTAVINE
- 12 rezin kivija
- 12 srednjih jagod, oluščenih in narezanih
- 1 čajna žlička sladkorja
- ¼ skodelice kremnega sira z zmanjšano vsebnostjo maščob
- ¼ skodelice zdrobljenega modrega sira
- 2 žlički vode, če je potrebno
- 1 žlica svežega drobnjaka, drobno sesekljanega, plus več za okras
- ¼ čajne žličke sveže mletega popra
- 12 rezin polnozrnate bagete, pogrete ali popečene

NAVODILA
a)   V srednji skledi zmešajte kivi, jagode in sladkor ter pustite stati.

b)   Zmešajte kremni sir in modri sir v majhni skledi z vilicami. Po potrebi dodajte vodo za gosto, a mazljivo konsistenco. Vmešajte 1 žličko drobnjaka in poper.

c)   Na vsak kos bagete razporedite približno 1 čajno žličko sirne mešanice. Na vrh nanesite mešanico kivija in jagod. Okrasite s posipom drobnjaka.

14. Kiwi jagnjetina orehovi napihnjenci

Naredi: 12

SESTAVINE
- 2, sesekljan kivi
- 2 lista pripravljenega peciva
- 200 g mlete jagnjetine
- 4 zdrobljeni orehi
- 1 žlica sveže nastrganega ingverja
- 3 stroki česna, mleto
- ½ čajne žličke čilija v prahu
- 1 čajna žlička Sriracha
- 1 čajna žlička koriandra v prahu
- 1 čajna žlička kumine v prahu
- 1 žlica limoninega soka
- 2 žlici natrijeve sojine omake
- 1 čajna žlička kosmičev rdečega čilija
- 2 žlici sirne mešanice
- sol - po okusu
- 2 žlički olja
- 2 žlički masla
- 1, majhen jajčni rumenjak
- 1 žlica peteršiljevih listov, drobno sesekljanih
- Sezamovo seme, za okras

NAVODILA

a)   Na srednjem ognju segrejte ponev z 1 čajno žličko olja, dodajte kosmiče rdečega čilija, česen, ingver in pražite minuto. Dodamo mleto jagnjetino z malo soli, čilijem v prahu, koriandrom v prahu in kumino v prahu ter pražimo 5 minut.

b)   Dodajte sojino omako in sriracha omako. Znižajte ogenj, zaprite pokrov in pustite vreti 10 minut. Občasno premešamo. Izklopite, iztisnite nekaj limetinega soka, okrasite s peteršiljevimi listi, dobro premešajte in odložite.

c)   Pečico segrejte na 220 stopinj C.

d) Pustite, da se list peciva rahlo zmehča, nato ga odvijte in narežite na želene velikosti. Narežem jih na okrogle velikosti.

e) Z žlico nanesite mešanico jagnjetine, z žlico dodajte nekaj kivija in orehov ter potresite s sirom.

f) Pekač obložimo z alu folijo in namažemo z oljem ter razporedimo listke. Listnate namažite z oljem/maslom/stepenim jajcem. Potresemo nekaj sezamovih semen.

g) Pečemo 15-20 minut, do zlato rjave barve.

h) Po želji ponovno premažite z oljem ali maslom.

15.   Kivi Ceviche

Naredi: 6

SESTAVINE
ZA MARINADO:
- 1 skodelica svežega limetinega soka približno
- ¼ skodelice olupljenega in pretlačenega kivija
- 3 skodelice sesekljane bele ribe

ZA MEŠANICO KIVI-ZELENJAVA:
- 1 ¼ skodelice na kocke narezane rdeče paprike
- 1 ¼ skodelice na kocke narezane pomarančne paprike
- 1 skodelica narezane rdeče čebule
- ¾ skodelice olupljenega in na kocke narezanega kivija
- 2 žlici mletega jalapena
- ½ skodelice sesekljanega cilantra
- 1 čajna žlička mletega česna
- 1 žlica olja
- ¼ skodelice limetinega soka
- ½ čajne žličke soli

NAVODILA
MARINIRAJTE RIBE
a)   V veliki stekleni ali keramični skledi zmešajte limetin sok, pretlačen kivi in ribe. Pokrijte in hranite v hladilniku vsaj 1 uro in največ 4 ure, na polovici časa mariniranja mešajte, dokler riba ni neprozorna.

NAREDITE MEŠANICO KIVI-ZELENJAVA
b)   V srednji stekleni ali keramični skledi zmešajte na kocke narezano rdečo papriko, pomarančno papriko, rdečo čebulo, kivi, jalapeno, koriander, česen, olje, limetin sok in sol. Dati na stran.

SLUŽITI
c)   Iz mariniranih rib odcedite odvečni limetin sok. Zmešajte marinirano ribo in mešanico kivija in zelenjave. Shranjujte v hladilniku ali postrezite v skledi nad ledom. Uživajte s krekerji, čipsom ali v zavitkih zelene solate.

16. Kivi in kozice

Naredi: 4 porcije

SESTAVINE
- 3 sadeži kivija
- 3 žlice olivnega olja
- 1 funt kozic, olupljenih
- 3 žlice moke
- ¾ skodelice pršuta, narezanega na tanke trakove
- 3 drobno sesekljane šalotke
- ⅓ čajne žličke čilija v prahu
- ¾ skodelice suhega belega vina

NAVODILA

a)   Olupite kivi. 4 rezine rezervirajte za okras, preostalo sadje pa sesekljajte. V težki ponvi ali voku segrejte olje. Kozice stresite v moko in jih dušite 30 sekund.

b)   Dodajte pršut, šalotko in čili v prahu. Pražite še 30 sekund. Dodamo sesekljan kivi in pražimo 30 sekund. Dodamo vino in zmanjšamo na polovico.

c)   Postrezite takoj.

17. Bivolja krila s kivijevo omako

Naredi: 1 porcijo

SESTAVINE
- 1 funt piščančjih kril

ZA GLAZURO:
- ½ skodelice zelenega jalapeno poprovega želeja
- 1 velik strok česna, nasekljan
- 1 žlica rjavega sladkorja
- 1 kivi, olupljen in zmečkan

ZA POMAKANO OMAKO:
- 2 žlici sesekljane rdeče paprike
- ¼ šopka svežega cilantra
- ⅛ majhne sladke čebule
- ½ jalapeno paprike, brez semen
- 2 Tomatillos, luščine odstranjene in narezane
- 1 čajna žlička svežega limetinega soka
- 1 črtica soli
- 2 žlici rjavega sladkorja
- 2 žlici zelenega jalapeno poprovega želeja

PRELIV:
- 1 kivi, olupljen in zmečkan

NAVODILA
a)   Pečico segrejte na 400 stopinj F.

ZA GLAZURO:
b)   Zmešajte žele, česen, rjavi sladkor in kivi do gladkega. Pekač za piškote obložite s folijo in rahlo popršite z oljem.

c)   Piščančje peruti položimo na folijo in pečemo v ogreti pečici 20 do 25 minut oziroma dokler ne začnejo rjaveti.

d)   Odstranite krila iz pečice in obilno premažite z glazuro, dokler niso dobro prekrita. Krila vrnite v pečico in pecite še dodatnih 10 minut.

ZA POMAKANO OMAKO:
e)   Bolgarsko papriko, koriander, čebulo, jalapeno poper, paradižnike, limetin sok, sol, rjavi sladkor in jalapeno žele dajte v

mešalnik ali skledo kuhinjskega robota, opremljenega z jeklenim rezilom.

f) Mešajte, dokler niso vse sestavine gladke.

g) Zmešano zmes vlijemo v skledo in dodamo pretlačen kivi. Mešajte, dokler se dobro ne poveže.

h) Postrezite krila z omako za namakanje.

18. Veganska pica z grozdjem in jagodami

Naredi: 12

SESTAVINE
- 1 sladkorna skorja za piškote

NADEV IZ KREMNEGA SIRA
- 8 unč veganskega kremnega sirnega namaza
- 1 pločevinka polnomastnega kokosovega mleka, brez posnetih ostankov
- ⅓ skodelice sladkorja v prahu
- 1 čajna žlička. izvleček vanilije

SADNI PRELIV
- 8 velikih jagod, narezanih
- 4 kivi, olupljeni in narezani
- ½ skodelice borovnic
- ½ skodelice grozdja prepolovite
- ¼ skodelice malin
- 2 žlici preprostega sirupa

NAVODILA

i) Pečico segrejte na 350 F. Pekač za pico 14" poškropite s pršilom za kuhanje in ga postavite na stran.

j) Testo za piškote enakomerno razporedite po pripravljenem pekaču za pico. Z vilicami v skorjo prebodemo nekaj lukenj in skorjo pečemo 12-15 minut, dokler robovi niso zlato rjavi in se piškot v sredini zapeče. Odstranite iz pečice in postavite v hladilnik ali zamrzovalnik, da se ohladi.

k) Naredite nadev iz kremnega sira. Za pripravo nadeva iz kokosovega mleka izdolbite trdno snov v srednje veliko skledo. Dodajte veganski kremni sirni namaz, sladkor in vanilijo ter mešajte z ročnim mešalnikom, dokler ni popolnoma gladka. Hladite, dokler ni pripravljen za uporabo.

l) Sestavite pico. Ko je piškotek ohlajen, ga prelijemo z nadevom iz kremnega sira, ki ga enakomerno porazdelimo s lopatko. Pico vrnite v hladilnik, da se nadev strdi, medtem ko pripravljate sadje.

m)   Narežite jagode in kivi. Grozdje prerežemo na pol. Ohlajeno pico obložimo s svežimi jagodami, ki jih okrasimo v koncentričnih krogih. S čopičem premažite jagode s preprostim sirupom, da jim date sijaj.

n)   Postrezite takoj ali vrnite v hladilnik, dokler ni pripravljen za serviranje.

19. Prigrizek s sadnimi brošetami

Naredi: 2 obroka

SESTAVINE
- 1 skodelica lubenice, narezane na kocke ali srčke
- 1 skodelica kokosa, narezanega na kocke ali srčke
- 1 skodelica kivija, narezanega na kocke ali srčke
- ¼ skodelice borovnic

NAVODILA
a)   Na palčko za nabodala nataknite sadje, vstavite lubenico, nato kokos, nato kivi in med vsako sadje vstavite borovnico.
b)   Sadje ohladite in prigrizek vzemite kamor koli. Uživajte

20. Nachos s kivijem in limeto

SESTAVINE

1 paket navadnega tortiljinega čipsa
4 kivi, olupljeni in narezani
Sok 2 limet
1/4 skodelice medu
NAVODILA

Tortiljin čips razporedite po krožniku in nanj položite narezan kivi.

Po vrhu pokapajte limetin sok in med.

SOLATE

21. Solata s tofujem in užitnimi cvetovi

Naredi: 2 obroka

SESTAVINE
ZA POLETNO SOLATO:
- 2 glavi maslene solate
- 1 funt jagnječje solate
- 2 zlata kivija uporabite zeleno, če zlate ni na voljo
- 1 pest užitnih cvetov po želji - jaz sem uporabila večerni jeglič iz svojega vrta
- 1 pest orehov
- 2 žlički sončničnih semen po želji
- 1 limona

ZA TOFU FETA:
- 1 blok tofuja, ki sem ga uporabil zelo trdega
- 2 žlici jabolčnega kisa
- 2 žlici svežega limoninega soka
- 2 žlici česna v prahu
- 2 žlici čebule v prahu
- 1 čajna žlička svežega ali suhega kopra
- 1 ščepec soli

NAVODILA
a)   Ekstra čvrst tofu v skledi narežemo na kocke, dodamo vse ostale sestavine in pretlačimo z vilicami.
b)   Damo v zaprto posodo in pustimo v hladilniku nekaj ur.
c)   Za serviranje razporedite večje liste na dno vaše velike sklede: masl+eno solato in jagnjetino solato na vrh.
d)   Kivi narežemo in položimo na liste solate.
e)   V skledo stresite nekaj orehov in sončničnih semen.
f)   Užitne rože previdno naberite. Nežno jih položite okoli solate.
g)   Tofu feto vzemite iz hladilnika, na tej točki bi jo morali zarezati/zdrobiti. Naokoli postavite nekaj velikih kosov.
h)   Polovici limone iztisnite sok, drugo polovico pa prinesite na mizo, da jo dodate.

22. Sadna jed z azijskimi okusi

Naredi: 4 do 6 obrokov

SESTAVINE

- 8-unčna pločevinka ličija, pakirana v sirupu
- Sok 1 limete
- 1 čajna žlička limetine lupinice
- 2 žlički sladkorja
- ¼ skodelice vode
- 1 zrel mango, olupljen, brez koščic in narezan na 1⁄2-palčne kocke
- 1 azijska hruška, brez sredice in narezana na 1⁄2-palčne kocke
- 2 banani, olupljeni in narezani na 1⁄4-palčne segmente
- 1 kivi, olupljen in narezan na 1⁄4-palčne segmente
- 1 žlica zdrobljenih nesoljenih arašidov na žaru

NAVODILA

a)   Ličijev sirup dajte v majhno ponev.

b)   Ličijev sirup z limetinim sokom in lupinico ter sladkorjem in vodo segrevajte na majhnem ognju, dokler se sladkor ne raztopi. Zavremo, nato odstavimo z ognja. Pustite, da se ohladi.

c)   Jedi, ki vsebuje liči, dodajte mango, hruške, banane in kivi.

d)   Postrezite s kančkom prihranjenega sirupa in pestjo arašidov.

23. Sadna solata iz mentirane kvinoje

Naredi: 4 porcije

SESTAVINE
- ¼ čajne žličke soli
- 6 unč kvinoje, nekuhane
- ⅓ skodelice mete, sesekljane
- ¼ skodelice jogurta
- 2 žlici pomarančnega soka
- 1½ skodelice narezanih jagod
- 2 srednje velik kivi
- 1 skodelica mandarin

NAVODILA

a)   V srednje veliki ponvi zavrite 2 skodelici vode in sol ter dodajte kvinojo. Zmanjšajte ogenj na nizko in kuhajte 15 minut, dokler kvinoja ne postekleni. V kuhinjskem robotu ali mešalniku zmešajte meto, jogurt in sok ter pretlačite v gladek pire. Dati na stran.

b)   Odložite šest rezin jagod in tri rezine kivija za okras. V veliki servirni skledi zmešajte preostale jagode, preostali kivi in koščke mandarine. Sadno mešanico prelijemo z jogurtovo omako in premešamo. Dodajte kuhano kvinojo in nežno premešajte, da se dobro premeša.

c)   Okrasite s prihranjenimi rezinami jagod in kivija. Pokrito hranite v hladilniku 2 uri, dokler se popolnoma ne ohladi.

24. Eksotična sadna solata

Naredi: 4 porcije

SESTAVINE
- 6 kivijev, olupljenih in narezanih
- 2 banani, olupljeni in narezani
- 2 žlici slaščičarskega sladkorja
- 2 žlici limoninega soka
- ½ čajne žličke vanilijevega ekstrakta
- ¼ čajne žličke mletih kitajskih 5 začimb v prahu
- ½ maline
- Mango
- Ananas
- Slaščičarski sladkor
- Metini listi

NAVODILA
a)   Stepite sladkor, limonin sok, vanilijo in 5 kitajskih začimb v prahu, prilagodite okusu in dodajte več ali manj sestavin. Dodajte mango in maline ter jih premešajte.

b)   Tik pred serviranjem razporedite kivije v krog na zunanji rob vsakega od 4 desertnih krožnikov, v notranjosti kroga razporedite rezine banan, ki se prekrivajo s kiviji, tako da pustite prostor na sredini desertnega krožnika.

c)   Na sredino z žlico položite macerirane maline in mango, potresite s slaščičarskim sladkorjem in okrasite z lističi mete.

25. Praznična sadna solata

Naredi: 1 porcijo

SESTAVINE
- 1 pločevinka koščkov ananasa
- ½ skodelice sladkorja
- 3 žlice večnamenske moke
- 1 vsako jajce, rahlo stepeno
- 2 pločevinki mandarin
- 1 pločevinka hrušk
- 3 vsak kivi
- 2 veliki   Jabolka
- 1 skodelica polovic pekana

NAVODILA
a)   Ananas odcedite, sok pa prihranite. Ananas odstavite. Sok vlijemo v manjšo ponev, dodamo sladkor in moko. Zavremo.

b)   Na hitro vmešamo jajce in kuhamo dokler se ne zgosti. Odstranite z ognja in ohladite.

c)   Ohladite. V veliki skledi zmešajte ananas, pomaranče, hruške, kivi, jabolka in pekan orehe. Prelijemo s prelivom in dobro premešamo. Pokrijte in ohladite 1 uro.

26. Solata iz špinače, kivija in jagod

Naredi: 10 obrokov

SESTAVINE
- 2 šopka špinače, oprane in natrgane
- 2 kivija, olupljena in narezana
- 1-četrt jagod, oluščenih in narezanih
- Oblačenje:
- 2 žlici sezamovih semen
- 1 žlica makovih semen
- ¼ skodelice jabolčnega kisa
- ¼ skodelice granuliranega sladkorja
- ½ skodelice solatnega olja
- 1 čajna žlička Worcestershire omake
- ½ čajne žličke paprike
- 4 čajne žličke mlete čebule

NAVODILA
a)   V kozarcu zmešajte sestavine za preliv. Pokrijte in dobro pretresite. Pustite stati, da se okusi premešajo.

b)   Ob serviranju položite špinačo v solatno skledo.

c)   Dodamo kivi in jagode. Prelijemo s prelivom.

27. Sadna solata z Açaí Berry-Quark

Naredi: 2 obroka

SESTAVINE

- 1 jabolko
- 1 banana
- 4 kivi
- 200 gramov svežih jagod
- 200 gramov grozdja brez pečk
- 100 gramov kvarka
- 1 žlica medu
- 1 žlica prahu jagod Açaí

NAVODILA

a) Jabolka operemo, razpolovimo, odstranimo sredico in narežemo na koščke. Olupite in narežite banano. Kivi po dolžini olupimo in narežemo na četrtine. Kivi narežemo na koščke. Jagode sperite in posušite. Oplaknite grozdje in ga prepolovite, če je veliko. Sadje zmešajte in razdelite po skledah.

b) Skuto zmešajte z medom in prahom jagod Açaí, dokler ni gladka. Vsako sadno solato prelijte s kančkom aromatizirane skute in po želji okrasite s krhkim sezamom.

28. Solata s kivijem in kozicami

SESTAVINE

300 g olupljenih kozic
2 kivija, olupljena in narezana
1 majhna rdeča čebula, narezana na tanke rezine
2 žlici olivnega olja
1 žlica belega vinskega kisa
1 čajna žlička dijonske gorčice
Sol in poper po okusu
Mešani listi solate
NAVODILA

V majhni skledi zmešajte oljčno olje, beli vinski kis in dijonsko gorčico, da naredite preliv.
V veliki skledi zmešajte kozice, kivi in rdečo čebulo.
Preliv prelijemo čez mešanico kozic in premešamo.
Začinimo s soljo in poprom po okusu.
Postrezite na posteljici iz listov mešane solate.

29. Solata s kivijem in lososom

SESTAVINE

300 g fileja lososa
2 kivija, olupljena in narezana
1 majhna rdeča čebula, narezana na tanke rezine
2 žlici olivnega olja
1 žlica limoninega soka
1 čajna žlička medu
Sol in poper po okusu
Mešani listi solate

NAVODILA

Pečico segrejte na 200 °C/180 °C ventilator/plinska oznaka 6.

Lososov file začinite s soljo in poprom ter pecite v pečici 15-20 minut oziroma dokler ni pečen.

V majhni skledi zmešajte oljčno olje, limonin sok in med, da naredite preliv.

V veliki skledi zmešajte kivi, rdečo čebulo in mešane liste solate.

V skledo narežemo lososa in s prelivom prelijemo solato.

Premešajte in začinite s soljo in poprom po okusu.

30. Solata s kivijem in tuno

SESTAVINE

1 pločevinka tune, odcejene
2 kivija, olupljena in narezana
1 majhna rdeča čebula, narezana na tanke rezine
2 žlici olivnega olja
1 žlica balzamičnega kisa
Sol in poper po okusu
Mešani listi solate

NAVODILA

V majhni skledi zmešajte oljčno olje in balzamični kis, da naredite preliv.
V veliki skledi zmešajte tuno, kivi, rdečo čebulo in mešane liste solate.
Preliv prelijemo čez solato in premešamo.
Začinimo s soljo in poprom po okusu.

GLAVNA JED

31. Chilli Con Quinoa

Naredi: 6-8

SESTAVINE

- 1 skodelica kivija, nekuhane kvinoje
- 1 žlica ekstra deviškega oljčnega olja
- 1 velika čebula, rdeča ali rjava, narezana na kocke
- 1 rdeča paprika, narezana na kocke
- 4 stroki česna, zdrobljeni
- 800 g narezanih ali pasiranih paradižnikov
- 2 žlici paradižnikove paste
- 2 skodelici zelenjavne osnove
- 2 žlici čilija v prahu
- 2 žlički mlete kumine
- 2 žlički kakava v prahu
- 2 žlički paprike
- 1 čajna žlička mletega koriandra
- 1 čajna žlička kajenskega popra
- Sol in poper
- 2 x 400 g pločevinke fižola v zrnju, odcejenega in opranega
- 1 x 400 g pločevinke črnega fižola, odcejenega in opranega
- 1 x 400 g konzerve koruznih zrn ali svežih, če je v sezoni
- ½ skodelice sesekljanega koriandra Sok 1 limete

SLUŽITI:

- Kisla smetana
- Okusen nariban sir
- Listi koriandra

NAVODILA

a)   Operite 1 skodelico kivija in dajte v ponev s 5 skodelicami vode. Pokrijemo s pokrovko in zavremo. Zmanjšajte ogenj, da vre približno 20 minut ali dokler se repki kvinoje ne sprostijo. Odcedite odvečno vodo in odstavite.

b)   V veliki kozici na močnem ognju segrejte olje. Dodajte čebulo in med mešanjem kuhajte 4 minute ali dokler se ne zmehča. Dodamo česen in papriko ter kuhamo še minuto.

c)   Dodajte na kocke narezan paradižnik, paradižnikovo pasto, kuhano kivi kvinojo, osnovo, čili v prahu, kumino, kakav, papriko, koriander in kajenski poper ter začinite s soljo in poprom po okusu. Mešanico zavrite, nato pa zmanjšajte toploto, da zavre. Pustite vreti 30 minut.

d)   Dodajte fižol v zrnju, črni fižol, koruzo, svež koriander in limeto ter kuhajte, dokler se ne segreje.

e)   Postrezite vroče in okrasite s svežimi listi koriandra, kislo smetano in/ali okusnim naribanim sirom po izbiri.

32. Kvinojin tabule s kivijem

Naredi: 4

SESTAVINE
- 1 ½ skodelice kivija, nekuhane kvinoje
- 1 ½ skodelice svežih zelišč
- ½ majhne rdeče čebule, sesekljane
- Sok 2 limon
- ⅓ skodelice ekstra deviškega oljčnega olja
- Sol in poper po okusu

NAVODILA

a)   Operite 1½ skodelice kivija kvinoje in jo dajte v ponev s 6 skodelicami vode. Pokrijemo s pokrovko in zavremo. Zmanjšajte ogenj, da vre približno 20 minut ali dokler se repki kvinoje ne sprostijo. Precedite odvečno vodo in pustite, da se ohladi.

b)   V manjši skledi zmešajte sveže sesekljana zelišča, rdečo čebulo in limonin sok – pustite, da se marinira 5 minut, nato dodajte oljčno olje. Zmešajte zeliščno mešanico in kivi kvinojo ter premešajte.

c)   Začinimo s soljo in poprom po okusu.

33. Morski list s kivijevo omako chardonnay

Naredi: 4 porcije

SESTAVINE
- 4 unče fileja morske plošče
- Sol
- ¼ skodelice moke
- 3 kiviji, olupljeni
- 3 šalotke, narezane na kocke
- ¾ skodelice vina Chardonnay
- 4 žlice prečiščenega masla
- 1 kivi, olupljen in narezan na 8 kosov
- ½ funta Sladko maslo, hladno, narezano na majhne kocke
- Sol

NAVODILA

a)   Morsko ploščo potresemo s soljo. Ribe rahlo potresemo z moko. V veliko ponev dajte prečiščeno maslo in ga segrevajte na srednji temperaturi, dokler ni vroče. Pomokane fileje morske plošče pražite 3 do 4 minute na vsaki strani ali dokler niso zlato rjavi in ravnokar pečeni.

b)   Na vsakega od 4 posameznih servirnih krožnikov položite enega od popraženih filejev morske plošče. Prelijemo s kivijevo omako Chardonnay. Vsako jed okrasite z 2 rezinama kivija. KIVI CHARDONNAY OMAKA: kivije dajte v blender in jih pretlačite v pire.

c)   V majhno ponev dajte pretlačen kivi, šalotko in chardonnay.

d)   Sestavine segrevajte na močnem ognju in jih kuhajte 4 do 6 minut oziroma toliko časa, da se tekočina zmanjša na 3 žlice. Ogenj zmanjšajte na srednje.

e)   Med nenehnim mešanjem eno za drugo dodajamo kocke masla. Dodajte sol in premešajte. Odstavite omako z ognja in jo pustite na toplem, dokler je ne boste pripravljeni postreči.

34. Pečen piščanec in kivi z malinovo glazuro

Naredi: 4 porcije

SESTAVINE
- 1 x malinova glazura
- 2 cela piščanca, prepolovljena
- 1 čajna žlička soli
- ¼ čajne žličke popra
- ¼ skodelice masla, stopljenega
- 4 srednje veliki kivi, olupljeni, narezani

NAVODILA
a)   Piščanca potresemo s soljo in poprom. Piščanca položite s kožo navzgor v eni plasti v velik plitek pekač.

b)   Piščanca namažite z nekaj masla, nato pa ga pecite v pečici pri 400 F, pogosto namažite z maslom, približno 45 minut ali dokler se piščanec ne zmehča na vilicah.

c)   Odcedite maščobo.

d)   Piščanca z žlico prelijemo s glazuro. Postopek glaziranja ponovimo z omako, ki se nabere v pekaču.

e)   Na vrh položite rezine kivija, pri čemer uporabite 1 kivi na polovico piščanca.

f)   Vrnite v pečico in pecite približno 3 minute oziroma dokler sadje in piščanec dobro posteklenita.

35. Kivi in piščanec v mešanem mešanju

SESTAVINE

2 piščančji prsi brez kosti, narezani
2 žlici rastlinskega olja
1 rdeča paprika, narezana na rezine
1 zelena paprika, narezana na rezine
1 velika čebula, narezana na rezine
2 stroka česna, nasekljana
2 kivija, olupljena in narezana
2 žlici sojine omake
1 žlica koruznega škroba
Sol in poper po okusu

NAVODILA

V voku ali veliki ponvi na srednje močnem ognju segrejte olje.

Dodajte piščanca in ga med mešanjem pražite 3-4 minute ali dokler ne porjavi.

Dodamo papriko, čebulo in česen ter med mešanjem pražimo še 3-4 minute.

V majhni skledi zmešajte sojino omako in koruzni škrob do gladkega.

V ponev dodajte kivije in vmešajte mešanico sojine omake.

Nadaljujte z mešanjem, dokler se omaka ne zgosti in kiviji ne segrejejo.

Začinimo s soljo in poprom po okusu.

36. Kivi in praženje s svinjino

SESTAVINE

2 svinjska kotleta, narezana
2 žlici rastlinskega olja
2 stroka česna, nasekljana
2 kivija, olupljena in narezana
1 žlica sojine omake
1 žlica medu
Sol in poper po okusu
Riž za serviranje

NAVODILA

V voku ali veliki ponvi na srednje močnem ognju segrejte olje.

Dodajte svinjino in jo med mešanjem pražite 3-4 minute ali dokler ne porjavi.

Dodamo česen in še minuto med mešanjem pražimo.

V ponev dodajte kivi, sojino omako in med ter med mešanjem pražite še 2-3 minute oziroma dokler se kivi ne segreje.

Začinimo s soljo in poprom po okusu.

Postrežemo čez riž.

37. Kivi in goveje mešano meso

SESTAVINE

400 g govejega fileja, narezanega na tanke rezine
2 žlici rastlinskega olja
2 stroka česna, nasekljana
2 kivija, olupljena in narezana
1 žlica ostrigine omake
1 žlica sojine omake
Sol in poper po okusu
Riž za serviranje

NAVODILA

V voku ali veliki ponvi na srednje močnem ognju segrejte olje.

Dodajte govedino in jo med mešanjem pražite 3-4 minute ali dokler ne porjavi.

Dodamo česen in še minuto med mešanjem pražimo.

V ponev dodajte kivi, ostrigino omako in sojino omako ter med mešanjem pražite še 2-3 minute oziroma dokler se kivi ne segreje.

Začinimo s soljo in poprom po okusu.

Postrežemo čez riž.

38. Cvrtje s kivijem in zelenjavo

SESTAVINE

1 rdeča čebula, narezana
1 rdeča paprika, narezana na rezine
1 zelena paprika, narezana na rezine
1 korenček, narezan
2 stroka česna, nasekljana
2 kivija, olupljena in narezana
1 žlica sojine omake
Sol in poper po okusu
Riž za serviranje

NAVODILA

V voku ali veliki ponvi na srednje močnem ognju segrejte olje.
Dodamo čebulo, papriko in korenček ter med mešanjem pražimo 3-4 minute.
Dodamo česen in še minuto med mešanjem pražimo.
V ponev dodajte kivi in sojino omako ter med mešanjem pražite še 2-3 minute oziroma dokler se kivi ne segreje.
Začinimo s soljo in poprom po okusu.
Postrežemo čez riž.

39. Kivi in goveje mešanje z brokolijem

SESTAVINE

400 g govejega fileja, narezanega na tanke rezine
2 žlici rastlinskega olja
2 stroka česna, nasekljana
2 kivija, olupljena in narezana
1 žlica ostrigine omake
1 žlica sojine omake
Sol in poper po okusu
1 glavica brokolija, narezana na cvetove
Riž za serviranje

NAVODILA

V voku ali veliki ponvi na srednje močnem ognju segrejte olje.
Dodajte govedino in jo med mešanjem pražite 3-4 minute ali dokler ne porjavi.
Dodamo česen in še minuto med mešanjem pražimo.
V ponev dodajte kivi, ostrigino omako in sojino omako ter med mešanjem pražite še 2-3 minute oziroma dokler se kivi ne segreje.
Začinimo s soljo in poprom po okusu.
V ločeni ponvi dušite brokolijeve cvetove, dokler niso mehki.
Goveji praženec postrezite na rižu s poparjenim brokolijem ob strani.

40. Solata iz kivija in kvinoje

SESTAVINE

1 skodelica kvinoje, oplaknjena in odcejena
2 skodelici vode
2 kivija, olupljena in narezana na kocke
1 majhna kumara, narezana na kocke
1 rdeča paprika, narezana na kocke
1/4 skodelice sesekljanega svežega peteršilja
2 žlici olivnega olja
1 žlica limoninega soka
Sol in poper po okusu

NAVODILA

V srednje velikem loncu zavrite vodo in kvinojo.

Zmanjšajte ogenj na nizko, pokrijte in pustite vreti 15-20 minut ali dokler voda ne vpije in se kvinoja zmehča.

Kvinojo prepražimo z vilicami in prestavimo v veliko skledo.

V skledo dodajte kivi, kumaro, rdečo papriko in peteršilj.

V majhni skledi zmešajte oljčno olje in limonin sok, da naredite preliv.

Preliv prelijemo čez kvinojino solato in premešamo.

Začinimo s soljo in poprom po okusu.

41. Cvreti kivi in kozice

SESTAVINE

400 g kozic, olupljenih in razrezanih
2 žlici rastlinskega olja
2 stroka česna, nasekljana
2 kivija, olupljena in narezana
1 žlica sojine omake
Sol in poper po okusu
1 rdeča paprika, narezana na rezine
Riž za serviranje

NAVODILA

V voku ali veliki ponvi na srednje močnem ognju segrejte olje.

Dodajte kozico in jo med mešanjem pražite 3-4 minute oziroma dokler ni kuhana.

Dodamo česen in še minuto med mešanjem pražimo.

V ponev dodajte kivi, sojino omako in rdečo papriko ter med mešanjem pražite še 2-3 minute oziroma dokler se kivi ne segreje.

Začinimo s soljo in poprom po okusu.

Postrežemo čez riž.

ZAČIMBE

42. Začinjena salsa s kivijem

Naredi: 2-4 obroke

SESTAVINE

- 6 kivijev, olupljenih in narezanih na kocke
- 2 Jalapeños
- 1 šalotka, narezana na kocke
- 1 romski paradižnik, narezan na kocke
- 2 žlici cilantra, narezanega
- 1 žlica drobnjaka
- 1 čajna žlička ingverja, naribanega
- Ekstra deviško olivno olje
- Košer sol, po okusu
- 1 limeta

NAVODILA

a)   V srednje veliki skledi zmešajte kivi, jalapeño, šalotko, paradižnik, koriander, drobnjak in ingver.

b)   Po vrhu pokapljajte z 1 limeto in ekstra deviškim oljčnim oljem

c)   Po okusu začinimo s soljo in postrežemo ali shranimo v steklenem kozarcu v hladilniku.

d)   Vzemite iz hladilnika za uporabo na mesu ali s koruznim čipsom za filmske večere.

43. Jagodno-kivijev džem

Naredi: 1 porcijo

SESTAVINE

- 2¾ skodelice zdrobljenih jagod
- 1¼ skodelice kivija, olupljenega, narezanega
- 3¼ skodelice sladkorja
- 1 paket pektinskih kristalov

NAVODILA

a)   Pripravljeno sadje odmerite v veliko skledo. Izmerite sladkor in ga odstavite.

b)   Zmešajte pektinske kristale z ¼ skodelice odmerjenega sladkorja. Postopoma dodajte sadju in dobro premešajte.

c)   Pustite stati 30 minut, občasno premešajte. Vmešajte preostali sladkor in nadaljujte z mešanjem 3 minute, dokler se večina sladkorja ne raztopi.

d)   Nalijte v čiste kozarce ali plastične posode. Pokrijte s tesnimi pokrovi in pustite stati pri sobni temperaturi, dokler se ne strdi.

e)   Shranjujte v zamrzovalniku ali 3 tedne v hladilniku. Naredi 6 skodelic.

44. Daiquiri marmelada iz kivija

45. Kivijev kompot

Naredi: 4 porcije

SESTAVINE

- 5 olupljenih kivijev
- 3 skodelice sladkorja
- ⅔ skodelice nesladkanega ananasovega soka
- ⅓ skodelice svežega limetinega soka
- 3 unče tekočega pektina
- Zelena jedilna barva, neobvezno
- 4 žlice ruma

NAVODILA

a)   Posodo z vrelo vodo napolnite z vodo. V posodo za pločevinke postavite 4 čiste pollitrske zidane kozarce. Pokrijte, zavrite vodo in kuhajte vsaj 10 minut, da sterilizirate kozarce na nadmorski višini do 1000 ft.

b)   Pokrovčke postavite v vrelo vodo in kuhajte 5 minut, da se tesnilna masa zmehča.

c)   V veliki ponvi iz nerjavečega jekla ali emajliranem loncu pretlačite kivi do konsistence jabolčne kaše. Vmešajte sladkor, ananas in limetin sok.

d)   Pustite, da popolnoma zavre, in mešajte, dokler se sladkor ne raztopi.

e)   Ob stalnem mešanju močno vre 2 minuti.

f)   Odstranite z ognja in vmešajte pektin. Nadaljujte z mešanjem 5 minut, da preprečite plavanje sadja. Primešamo rum.

g)   Zalijte marmelado v vroč steriliziran kozarec do ¼ palca od zgornjega roba.

h)   Odstranite zračne mehurčke tako, da potisnete gumijasto lopatico med kozarec in hrano ter ponovno prilagodite prostor za glavo na ¼ palca. Obrišite rob kozarca in odstranite morebitno lepljivost. Sredinski zaporni pokrov na kozarcu, pritrdite navojni trak, dokler se ne zategne. Postavite kozarec v posodo. Ponovite za preostalo marmelado.

i)   Posodo pokrijte, vodo zavrite in kuhajte 5 minut. Ohladite 24 ur. Preverite tesnila kozarcev.

j)   Odstranite vijačne trakove. Kozarce obrišemo, označimo in shranimo v hladen temen prostor.

Naredi: 8

SESTAVINE
- 5 kivijev
- 2 žlici sladkorja
- 2 žlički svežega limoninega soka

NAVODILA

a)   Kivije olupimo in grobo nasekljamo, ostale pa dodamo v lonec s sladkorjem in limoninim sokom. V ponev dodajte poljuben kivijev sok z deske za rezanje.

b)   Ogenj nastavite na srednje, lonec dobro premešajte in zavrite. Ogenj zmanjšamo in pustimo vreti 5 minut.

c)   Z vilicami rahlo pretlačite, da razdrobite nekaj koščkov kivija.

d)   Pripravljen je za takojšnjo uporabo ali pa ga hranite v hladilniku v posodi s pokrovom do 1 tedna.

46. Kiwi Jam

SESTAVINE

- 1¼ funta (550 g) kivija
- 2 funta sladkorja (po možnosti sladkorja)
- ½ steklenice tekočega pektina
- 2 žlici (30 ml) limoninega soka

NAVODILA

a)   Sadje na tanko olupimo in odstranimo trd košček na koncu peclja.

b)   Sadje temeljito zdrobimo in zmešamo s sladkorjem.

c)   Pustite na toplem 1 uro, občasno premešajte.

d)   Dodajte tekoči pektin in temeljito premešajte.

e)   Dodajte limonin sok in mešajte 2 minuti, da se dobro premeša.

f)   Prenesite v primerne majhne zamrzovalne posode in pustite prostor za razširitev.

g)   Pokrijemo s folijo za zamrzovanje ali živilsko folijo.

h)   Pustite stati v topli kuhinji 24 - 48 ur, nato zamrznite.

47. Chutney iz kivija in rozin

SESTAVINE

4 kivije, olupljene in narezane
1/4 skodelice rozin
1/4 skodelice sesekljane čebule
1/4 skodelice jabolčnega kisa
1/4 skodelice rjavega sladkorja
1/4 čajne žličke mletega ingverja
1/4 čajne žličke mletega cimeta
Sol in poper po okusu

NAVODILA

V srednje veliki ponvi zmešajte kivi, rozine, čebulo, kis, rjavi sladkor, ingver in cimet.

Mešanico zavrite, nato zmanjšajte ogenj na nizko in kuhajte 20-25 minut ali dokler se čatni ne zgosti.

začinite s soljo in poprom po okusu.

Postrezite kot začimbo k mesu na žaru ali kot namaz na sendvičih.

48. Kivi Guacamole

SESTAVINE

2 zrela avokada, olupljena in brez koščic
2 kivija, olupljena in narezana na kocke
1/4 skodelice narezane rdeče čebule
1/4 skodelice sesekljanega svežega cilantra
Sok 1 limete
Sol in poper po okusu

NAVODILA

V srednje veliki skledi pretlačite avokado z vilicami ali stiskalnikom za krompir.

Dodajte kivi, rdečo čebulo, koriander in limetin sok ter premešajte, da se združi.

Začinimo s soljo in poprom po okusu.

Postrezite kot pomak s tortiljinim čipsom ali kot preliv za tacose.

49. Chutney s kivijem in meto

SESTAVINE

2 kivija, olupljena in narezana
1/4 skodelice svežih listov mete
1/4 skodelice sesekljane čebule
1 žlica limoninega soka
1/2 čajne žličke mlete kumine
Sol in poper po okusu
NAVODILA

V kuhinjskem robotu zmešajte kivije, metine liste, čebulo, limonin sok in kumino.

Pulzirajte, dokler zmes ni gladka in dobro združena.

Začinimo s soljo in poprom po okusu.

Postrezite kot začimbo k mesu na žaru ali kot namaz na sendvičih.

50. Raita s kivijem in kumarami

SESTAVINE

1 skodelica navadnega grškega jogurta
1 kivi, olupljen in narezan na kocke
1 majhna kumara, olupljena in narezana na kocke
1/4 skodelice sesekljanih listov sveže mete
Sol in poper po okusu

NAVODILA

V srednji skledi zmešajte jogurt, kivi, kumare in metine liste.
Začinimo s soljo in poprom po okusu.
Postrezite kot začimbo k indijskim jedem ali kot pomak s pita kruhom ali zelenjavo.

51. Salsa s kivijem in ananasom

SESTAVINE

2 kivija, olupljena in narezana na kocke
1 skodelica svežega ananasa, narezanega na kocke
1/4 rdeče čebule, narezane na kocke
1/4 skodelice sesekljanega svežega cilantra
Sok 1 limete

NAVODILA
V srednje veliki skledi zmešajte kivi, ananas, rdečo čebulo in koriander.
Dodajte limetin sok in premešajte, da se združi.
Začinimo s soljo in poprom po okusu.
Postrezite kot preliv k ribam ali piščancu na žaru.

52. Kiwi in Jalapeno Relish

SESTAVINE

2 kivija, olupljena in narezana na kocke
1 jalapeno poper, brez semen in mlet
1/4 skodelice sesekljane rdeče čebule
1 žlica medu
1 žlica jabolčnega kisa
Sol in poper po okusu

NAVODILA

V srednje veliki skledi zmešajte kivi, jalapeno poper, rdečo čebulo, med in kis.
Začinimo s soljo in poprom po okusu.
Postrezite kot začimbo k mesu na žaru ali kot preliv za burgerje.

53. Chutney iz kivija in manga

SESTAVINE

2 kivija, olupljena in narezana
1 mango, olupljen in narezan
1/4 skodelice sesekljane rdeče čebule
1/4 skodelice jabolčnega kisa
1/4 skodelice rjavega sladkorja
1/2 čajne žličke mlete kumine
Sol in poper po okusu
NAVODILA

V srednje veliki ponvi zmešajte kivi, mango, rdečo čebulo, kis, rjavi sladkor in kumino.
Mešanico zavrite, nato zmanjšajte ogenj na nizko in kuhajte 20-25 minut ali dokler se čatni ne zgosti.
Začinimo s soljo in poprom po okusu.
Postrezite kot začimbo k mesu na žaru ali kot namaz na sendvičih.

54. Maslo iz kivija in limete

SESTAVINE

1/2 skodelice nesoljenega masla, zmehčanega
2 kivija, olupljena in pretlačena
Sok in lupina 1 limete
Sol in poper po okusu
NAVODILA

V srednji skledi zmešajte maslo, pretlačen kivi, limetin sok in
limetino lupinico.
Začinimo s soljo in poprom po okusu.
Postrezite kot namaz na kruhu ali kot preliv k mesu ali zelenjavi na
žaru.

SLADICA

55. Jagodna kivijeva torta

Naredi: 8 obrokov

SESTAVINE
- 1 skodelica sladkorja
- 11 žlic večnamenske moke
- 1 žlica vode
- 6 velikih jajc
- 1 žlica vroče vode
- 2 skodelici težke smetane
- 3 žlice rastlinskega olja
- 1 čajna žlička vanilijevega ekstrakta
- 1 skodelica jagod, sesekljanih
- 2 žlici medu
- 1 skodelica narezanega kivija

NAVODILA

a)   Segrejte štedilnik na 375⊠F in položite pergamentni papir na pekač 16×11.

b)   Moko pretlačimo skozi cedilo v skledo za mešanje.

c)   Beljake stepamo 60 sekund, da postanejo penasti, nato pa počasi dodajamo sladkor in stepamo dokler ne doseže vrhov, bolje je, če imate električni mešalnik.

d)   Nato nežno dodajajte rumenjake enega za drugim in med dodajanjem stepajte 60 sekund, ko so vsi v mešanici, dodajte vodo in olje ter ponovno stepajte 10 sekund.

e)   Zdaj počasi vmešajte moko in dobro premešajte.

f)   Zmes za torto dodajte v pekač in pladenj nekajkrat spustite, da iz njega izstopite zrak.

g)   Pečemo v pečici 12-15 minut.

h)   Ko ste pripravljeni, ga vzemite ven in na vrh položite pergamentni papir, nato ga obrnite navzven, odstranite papir s podstavka in ga položite na rešetko za hlajenje.

i)   Medtem ko je še topel, ga zvijte s pergamentnim papirjem in ga pustite znotraj tortne rolade.

j)   Pustite, da se ohladi še 10 minut.

k)   Med čakanjem zmešajte med in vodo ter odložite na stran.

l)   Smetano z vanilijo in preostalim sladkorjem stepamo do vrha.

m)   Nato vzemite torto in jo odvijte, odstranite papir in odrežite en konec pod kotom, za končen videz.

n)   Torto namažite z medom in nato s kremo.

o)   Dodajte kivi in jagode, nato zvijte in ohranite okroglo tako, da z zunanje strani položite pergamentni papir.

p)   Pustite v hladilniku 20 minut, da obdrži obliko.

q)   Vzemite rezino in postrezite.

56. Premier bela sadna torta

Naredi: 1 porcijo

SESTAVINE
- Pecivo za eno skorjo, 9-palčno pito
- ⅓ skodelice granuliranega sladkorja
- ¼ skodelice večnamenske moke
- 3 rumenjaki
- 1 skodelica mleka
- 6 unč belih pecilnih ploščic, narezanih
- 1 čajna žlička ekstrakta vanilije
- ¼ skodelice segrete marelične marmelade
- 2 kivija, olupljena in narezana
- 1 skodelica malin
- Premier White Leaves, neobvezno

NAVODILA
a) S pecivom obložite 9-palčni pekač za torte in obrežite robove. Pecivo prebodemo z vilicami. Pecite v predhodno ogreti pečici na 425 stopinj F. 10 do 12 minut, dokler skorja rahlo ne porjavi. Ohladimo na sobno temperaturo.
b) V manjši kozici zmešajte sladkor in moko ter vmešajte rumenjake in mleko. med stalnim mešanjem kuhajte na zmernem ognju, dokler mešanica ne zavre.
c) Zmanjšajte toploto. Med stalnim mešanjem dušimo 3 minute, dokler se zmes ne zgosti in postane gladka. Odstranite z ognja.
d) Dodajte pecilne palice in vanilijo ter mešajte, dokler ni gladka. Pritisnite plastično folijo neposredno na površino nadeva in popolnoma ohladite.
e) Odstranite lupino torte iz ponve. Dno premažite z marmelado in pustite stati 5 minut.
f) Namažemo z nadevom. Po vrhu razporedite sadje. Ohladite se. Po želji okrasite z listi Premier White Leaves.

57. Sorbet iz kivija

Naredi: 4

SESTAVINE
- 8 kivijev
- 1 ⅓ skodelice preprostega sirupa
- 4 čajne žličke svežega limoninega soka

NAVODILA

a)   Olupite kivije. Pasirajte v kuhinjskem robotu. Imeti morate približno 2 skodelici pireja.

b)   Vmešajte preprost sirup in limonin sok.

c)   Zmes vlijemo v posodo aparata za sladoled in zamrznemo. Upoštevajte navodila proizvajalca.

58. Sklede za puding s kivijem in avokadom

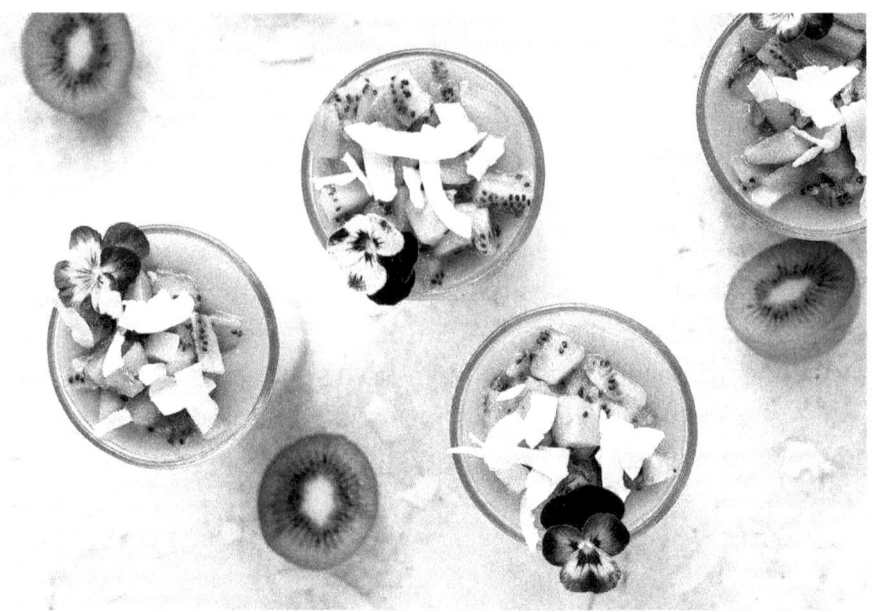

Naredi: 4

SESTAVINE
- 3 zreli avokadi, olupljeni in brez koščic
- ½ skodelice navadnega grškega jogurta
- ½ skodelice sveže iztisnjenega limetinega soka
- 2 žlici sveže iztisnjenega limoninega soka
- Lupina iz 1 limete
- 4 žlice medu ali agavinega sirupa
- ½ čajne žličke vanilijevega ekstrakta
- Drobna morska sol
- Nesladkani praženi kokosovi kosmiči
- Sesekljani indijski oreščki
- Kivi, olupljen in narezan
- maline

NAVODILA
a)   V posodo kuhinjskega robota dodajte meso avokada, jogurt, limetin sok, limonin sok, limetino lupinico, med ali agavo, vanilijo in ščepec soli. Obdelujte neprekinjeno, dokler se dobro ne združi in postane gladka, približno 1 minuto.

b)   Puding razdelite po skledicah. Na vrh potresemo kokosove kosmiče, indijske oreščke, kivi in maline.

c)   Naj bo vegansko | To desertno skledo je neverjetno enostavno prilagoditi veganom. Držite se agave kot sladila in zamenjajte grški jogurt z nemlečnim jogurtom. Jogurta iz indijskih oreščkov in mandljev sta moja najboljša izbira za nadomestek, čeprav se dobro obneseta tudi kokosov in sojin jogurt.

59. Chia puding z mavrično limeto

Naredi: 1 porcijo

SESTAVINE
- 1 ¼ skodelice 2% mleka
- 1 skodelica 2% navadnega grškega jogurta
- ½ skodelice chia semen
- 2 žlici medu
- 2 žlici sladkorja
- 2 žlički limetine lupinice
- 2 žlici sveže iztisnjenega limetinega soka
- 1 čajna žlička vanilijevega ekstrakta
- 1 skodelica sesekljanih jagod in borovnic
- ½ skodelice na kocke narezanega manga in ½ skodelice na kocke narezanega kivija

NAVODILA
d)   V veliki skledi zmešajte mleko, jogurt, chia semena, med, sladkor, limetino lupinico, limetin sok, vanilijo in sol, dokler se dobro ne premešajo.

e)   Mešanico enakomerno razdelite v štiri zidane kozarce. Pokrijte in hranite v hladilniku čez noč ali do 5 dni.

f)   Postrezite hladno, obloženo z jagodami, mangom, kivijem in borovnicami.

čvrstih vrhov. Z gumijasto lopatko ali žično metlico stepemo stepeno smetano v mandljevo kremo.

i) Kremo enakomerno naložimo v ohlajeno torto. Na tart v koncentričnih krogih razporedite grozdje s prerezano stranjo navzdol in kivi.

j) Previdno odstranite stran iz pekača za tart. V majhni kozici na zmernem ognju med občasnim mešanjem stopite jabolčni žele.

k) S čopičem za pecivo previdno namažite s stopljenim želejem. Torto ohladite, dokler se nadev popolnoma ne strdi.

61. Jagodna pita s kivijem

Naredi: 10 obrokov

SESTAVINE

- ⅔ skodelice vrele vode
- 3 unče Škatla jagoda-kivi JELL-O
- ½ skodelice hladne vode
- Ledene kocke
- 8 unč Tub COOL WHIP
- 9 unč skorjice Graham krekerja
- 3 rezine kivija, za okras
- 1 jagoda, za okras
- HLADNI STEP za okras

NAVODILA

a)   Vrelo vodo mešajte v JELL-O v veliki skledi 2 minuti ali dokler se ne raztopi.

b)   Zmešajte hladno vodo in led, da dobite 1¼ skodelice. Postopoma dodajte želatino in mešajte, dokler se rahlo ne zgosti.

c)   Odstranite preostali led.

d)   V kadi COOL WHIP z žično metlico mešamo do gladkega. Hladimo 10 do 15 minut ali dokler zmes ni zelo gosta in se bo nabirala. Spojite v skorjo.

e)   Hladite 4 ure ali dokler se ne strdi. Okrasite s kepico COOL WHIP, obdano s 3 rezinami kivija, in cele jagode, narezane in razpršene, tik pred serviranjem.

62. Mousse iz bele čokolade in kivijeve omake

Naredi: 4 porcije

SESTAVINE

- 1½ lističev želatine
- 7 unč bele čokolade
- 1 jajce
- 3 sadeži kivija
- Limonine rezine
- Narezane jagode ali kivi
- 1 jajčni rumenjak
- 1 žlica Cointreau ali Grand Marnier
- 10 unč smetane
- Sadne rezine sladkorja v prahu

NAVODILA

a) Liste želatine namočimo v hladni vodi za 10 minut, da se zmehčajo. Čokolado stopite v toplotno odporni posodi nad ponvo z vročo, vendar ne vrelo vodo. Pustite, da se ohladi, vendar ne strdi.

b) Jajce in rumenjak stepamo v skledi iz nerjavečega jekla nad ponvo z vročo, vendar ne vrelo vodo, dokler se ne zgostita. Liste želatine ožamemo in vmešamo v toplo jajčno zmes, dokler se ne stopijo. Med stepanjem pustite, da se ohladi.

c) Mešanici po malo dodajajte stopljeno čokolado, dokler zmes ni gladka in enakomerna. Primešamo liker.

d) Smetano stepemo do gostega in jo previdno vmešamo v čokoladno zmes.

e) Mousse postavimo v hladilnik za 2 uri, dokler se ne strdi.

f) Medtem pripravimo omako. Kivi olupimo in v mešalniku ali kuhinjskem robotu pretlačimo v pire. Po potrebi dodajte sladkor v prahu po okusu.

g) Omako hranite na hladnem, dokler ni pripravljena za serviranje.

h) Na 4 posamezne jedi prelijemo malo omake. Iz pene z dvema toplima žlicama oblikujemo jajčaste kroglice, ki jih polagamo na omako.

i) Okrasite z nekaj listi limone, narezanimi jagodami ali rezinami kivija.

63. Citrusova pita s kislo smetano

Porcija: 8 obrokov

Sestavine

- 2/3 skodelice sladkorja
- 3 žlice koruznega škroba
- 2 velika rumenjaka, stepena
- 3/4 skodelice pomarančnega soka
- 2/3 skodelice 2% mleka
- 2 žlici limoninega soka
- 1 skodelica kisle smetane
- 1 skorja graham krekerja (9 palcev)

PRELIV:

- 1 skodelica težke smetane za stepanje
- 2 žlici slaščičarskega sladkorja
- 1/4 čajne žličke vanilijevega ekstrakta
- Naribana pomarančna lupina
- Sadni prelivi po želji: mandarine, narezane sveže jagode in narezan kivi

Smer

a) V veliki skledi, primerni za mikrovalovno pečico, zmešajte koruzni škrob in sladkor. V majhni skledi zmešajte limonin sok, mleko, pomarančni sok in rumenjake. Nato jih vmešajte v sladkorno zmes, dokler ne postanejo gladke.

b) Postavite v mikrovalovno pečico 5 do 7 minut pri visoki temperaturi in mešajte vsako minuto, dokler mešanica ne doseže 160 °. Pustite, da se ohladi na sobno temperaturo; pritisnite plastično folijo na površino kreme. Postavite v hladilnik, dokler se ne ohladi.

c) Zložite kislo smetano; nadev prenesemo na skorjo. Pustite, da se pokrito ohladi vsaj 4 ure ali celo noč.

d) Tik pred uporabo v veliki skledi stepamo smetano, dokler se ne začne gostiti.

e) Dodajte vanilijev in slaščičarski sladkor; stepajte, dokler ne nastane trd vrh.

f) Premažemo po piti. Čez potresemo pomarančno lupinico in po želji dodamo sadje.

64. Striped Fruit Pops

Porcija: 1 ducat

Sestavine
- 3/4 skodelice medu, razdeljeno
- 2 skodelici narezanih svežih jagod
- 12 plastičnih kozarcev ali kalupov za Popsicle (po 3 unče)
- 12 plastičnih kozarcev ali kalupov za Popsicle (po 3 unče)
- 6 kivijev, olupljenih in narezanih
- 12 palčk za sladoled
- 1-1/3 skodelice narezanih svežih zrelih breskev

Smer
a) Jagode in četrt skodelice medu pokrito pretlačite v mešalniku, dokler se ne združita. Prenesite v modelčke ali skodelice. Postavite v zamrzovalnik za pol ure, dokler se ne strdi.
b) Kivi in četrt skodelice medu pokrito zmešajte v mešalniku, dokler se ne združita. Prelijemo čez čvrsto jagodno plast; vstavite Popsicle palčke. Postavimo v zamrzovalnik, dokler se ne strdi.
c) Postopek ponovimo s preostalim medom in breskvami; prenesite na vrh plasti kivija. Postavimo v zamrzovalnik, dokler se ne strdi.

65. Solata iz svežega sadja v plasteh

Porcija: 12 obrokov

Sestavine
- 1/2 čajne žličke naribane pomarančne lupinice
- 2/3 skodelice pomarančnega soka
- 1/2 čajne žličke naribane limonine lupinice
- 1/3 skodelice limoninega soka
- 1/3 skodelice pakiranega svetlo rjavega sladkorja
- 1 cimetova palčka

SADNA SOLATA:
- 2 skodelici svežega ananasa, narezanega na kocke
- 2 skodelici narezanih svežih jagod
- 2 srednje velika kivija, olupljena in narezana
- 3 srednje velike banane, narezane
- 2 srednji pomaranči, olupljeni in narezani
- 1 srednje velika rdeča grenivka, olupljena in narezana na rezine
- 1 skodelica rdečega grozdja brez pečk

Smer
a) Prvih 6 sestavin zavrite v ponvi. Znižajte ogenj in kuhajte 5 minut brez pokrova.
b) Pustite, da se popolnoma ohladi, nato zavrzite cimetovo palčko.
c) V veliki stekleni skledi naredite plasti sadja. Po vrhu namažite z mešanico soka.
d) Pokrijte in nato za nekaj ur postavite v hladilnik.

66. Baileys Panna Cotta

Naredi: 6 obrokov
SESTAVINE
KOKOSOVA PANNA COTTA:
i)   1 žlica želatine v prahu brez okusa
j)   1 žlica vode
k)   2¼ skodelice Baileys
l)   ¾ skodelice konzervirane nesladkane kokosove smetane
m)   ¼ skodelice granuliranega sladkorja
DODATNI PRELIVI:
n)   zlati kivi
o)   zeleni kivi
p)   mango
NAVODILA
- Ramekine ali servirne posodice namažite s kokosovim oljem. Dati na stran.
- V majhni skledi zmešajte želatino v prahu z vodo.
- Premešajte in pustite stati 5 minut, dokler se vlaga popolnoma ne vpije.
- V srednje velikem loncu za omako zmešajte Baileys, kokosovo smetano in sladkor.
- Pristavimo na srednji ogenj in pustimo vreti.
- Nadaljujte s segrevanjem, dokler se sladkor ne raztopi.
- Odstranite z ognja in pustite, da se ohladi 5-8 minut.
- Dodajte želatino. Mešajte, dokler se želatina popolnoma ne raztopi.
- Mešanico Baileys razdelite med pripravljene namaščene rampeke. Ohladimo na sobno temperaturo.
- Pokrijte ali hranite v nepredušni posodi v hladilniku vsaj 6 ur, najbolje čez noč.
- Če jih želite odstraniti iz kalupa, enega po enega za 3-5 sekund potopite v skledo tople vode.
- Če se panna cotta še vedno ne loči, potegnite s tankim nožem ali mini lopatko po robovih ramekina, da jo zrahljate. Obrnite ramekin v servirni krožnik.
- Okrasite s prelivi in takoj postrezite.

67. Sladoled s kivijem in banano v rumovem sirupu

Naredi: 1 obrok

SESTAVINE
- 1 skodelica vode
- ¼ skodelice sladkorja
- 1 žlica temnega ruma
- ¼ čajne žličke sveže naribane limetine lupinice
- 1 kivi; olupljen, po dolgem razčetverjen in narezan na koščke
- 1 majhna banana
- Vanilijev sladoled

NAVODILA

a) V majhni kozici kuhajte vodo s sladkorjem, rumom in lupino 5 minut. dodamo kivi in dušimo 2 minuti. Banano narežite na ¼-palčne rezine in kuhajte v sirupu 30 sekund.

b) Sadje z žlico z režami prenesite v skledo. Sirup zavrite, dokler se ne zmanjša na približno ½ skodelice, in vmešajte sadje.

c) Postrezite sadje in sirup čez sladoled.

68. Gelato iz kivija

Naredi: 4 porcije

SESTAVINE

1 skodelica vode
½ skodelice sladkorja
½ skodelice lahkega koruznega sirupa
4 kivija; pared
5 žlic limoninega soka
¼ čajne žličke limonine lupine; nariban

NAVODILA

a)   V ponvi zmešajte vodo, sladkor in koruzni sirup. Kuhajte in mešajte 2 minuti ali dokler se sladkor ne raztopi. Pasirajte kivi v kuhinjskem robotu ali mešalniku, da dobite ¾ skodelice pireja. Dodamo limonin sok, lupinico in premešamo sladkor.

b)   Vlijemo v plitev kovinski pekač in zamrznemo za približno 1 uro ali dokler zmes ni čvrsta, vendar ne trdna.

c)   Ohlajenega prelijte v ohlajeno skledo in stepajte z električnim mešalnikom, dokler zmes ne postane rahla in puhasta.

d)   Vrnite ga v zamrzovalnik za približno 2 uri ali dokler ni dovolj trden, da ga lahko zajemate.

69. Nutella Pavlova

Naredi: 4-6 obrokov

SESTAVINE
MERINGUE
- 3 beljaki
- 1 ščepec vinskega kamna
- ¾ skodelice granuliranega sladkorja
- 1 čajna žlička čistega vanilijevega ekstrakta

KREMA
- ½ skodelice marshmallow kreme
- Navodila za ½ skodelice crème fraiche
- 1 skodelica smetane za stepanje

OKRAŠEVANJE
- 1 kivi, olupljen in narezan na tanke rezine
- 1 skodelica narezane jagode
- 2 žlici posušenih brusnic, mletih
- 2 žlici Nutelle

NAVODILA
- Pečico nastavite na 275 stopinj F, preden naredite kar koli drugega, in obložite pekač s pergamentnim papirjem.
- V skledo dodamo beljake in vinski sneg ter stepamo do mehkega snegu, dodajamo sladkor po 1 žlico naenkrat.
- Dodajte vanilijo in stepajte, da se združi.
- Na pripravljen pekač razporedite meringue v 10-palčni krog, robove potisnite navzgor, da na sredini oblikujete jamico.
- Pečemo v pečici približno 1 uro in pol.
- Izklopite pečico, vendar pustite meringue notri, da se posuši.
- Meringo prenesite v servirni krožnik.
- V skledi zmešajte marshmallow crème in crème fraiche.
- Vmešajte stepeno smetano.
- Marshmallow mešanico razporedite po ohlajeni meringi in okrasite z narezanim kivijem in jagodami.
- Po vrhu pokapajte Nutello in postrezite s posipom iz suhih brusnic.

70. Kivi-roza limonadna pita

Naredi: 4 porcije

SESTAVINE
SKORJA ZA PITO:
- 1¼ skodelice drobtin graham krekerja
- ⅓ skodelice stopljenega masla
- ¼ skodelice sladkorja

POLNJENJE:
- 3 rumenjaki
- 1¼ skodelice mleka
- 1⅛ skodelice granuliranega sladkorja
- 3 žlice koruznega škroba
- 1 čajna žlička limoninega ekstrakta
- Rožnata jedilna barva
- nastrgana lupinica 2 limon
- 1 čajna žlička vanilijevega ekstrakta

SLUŽITI:
- 3 olupljeni in narezani kiviji
- 1 skodelica limonine marmelade

NAVODILA
SKORJA ZA PITO:
a)   Pečico segrejte na 325.
b)   Zmešajte drobtine krekerja, sladkor in maslo.
c)   Mešanico za skorjo vtisnite v model za pite in ohladite, dokler ni pripravljena za uporabo.

POLNJENJE:
d)   Segrejte mleko na vrhu dvojnega kotla nad vrelo vodo.
e)   Sladkor zmešamo s koruznim škrobom in vmešamo v mleko.
f)   Dodajte limonin ekstrakt, barvilo za živila, limonino lupinico in vanilijo ter dobro premešajte.
g)   Zmes vlijemo v lupino za pito.
h)   Pečemo 25 minut na sredini pečice oziroma dokler ni strjeno.
i)   Pito ohladite 10 minut.
SLUŽITI:

j)   Na majhnem ognju stopite marmelado in s tanko plastjo premažite površino pite.

k)   Kivi razporedite v prekrivajoče se plasti, da popolnoma prekrijete vrh pite.

71. Takosi s svežim sadjem

SESTAVINE

- Polnozrnate tortilje (majhne)
- voda
- Mleti cimet
- sladkor
- Grški jogurt (z okusom vanilije)
- Sveže sadje (narezano na kocke) po vaši izbiri:
- Jagode
- Mango
- Ananas
- kivi

NAVODILA

a) Pečico segrejte na 325°F.

b) Z okroglim plastičnim modelčkom za piškote izrežite majhne kroge iz polnozrnatih tortilj (približno 2 na majhno tortiljo).

c) Te majhne tortilje položite na pekač. V majhno skledo nalijte vodo; zgornjo stran tortilj rahlo premažite z vodo s čopičem.

d) V skledi zmešajte majhno količino mletega cimeta in sladkorja; vlažne tortilje potresemo z mešanico cimeta in sladkorja.

e) S kleščami vsako tortiljo posamično pogrnite čez rešetko v toasterju, tako da stranice tortilje padejo med dve kovinski palici na rešetki.

f) Pečemo cca. 5–7 minut, občasno preverite tortilje.

g) S kleščami dvignite tortilje z rešetke in jih prenesite na rešetko za hlajenje; tortilje morajo ostati v tem obrnjenem položaju, da se ohladijo, kar je zadnji korak pri oblikovanju oblike tacosa.

h) Ohlajene taco lupine prenesite na krožnik in v tortiljino lupino položite kepico vanilijevega grškega jogurta; z žlico zgladimo in prekrijemo dno in stranice lupine.

i) V lupino naložite svoje najljubše sadje in uživajte!

72. Kakavovi takosi z nizko vsebnostjo maščob, polnjeni s sadjem

Naredi: 6 obrokov

SESTAVINE
- ¼ skodelice moke
- ¼ skodelice sladkorja
- 1 žlica kakava za peko
- 2 žlici 2% mleka
- 2 žlici olja
- 1 jajčni beljak
- 1 čajna žlička ekstrakta vanilije
- Sol po okusu
- 8 unč jogurta z nizko vsebnostjo maščobe z okusom sadja
- 4 sadeži kivija; olupljen, narezan
- 6 večjih jagod; narezana
- 8 unč mangovega coulisa
- 1 unča malinove omake
- 1 pint svežih malin
- 6 vejic sveže mete

NAVODILA

d) Združite prvih 8 sestavin v skledo; stepajte do gladkega. Pokrito ohladite 2 uri.

e) Postavite 3 žlice naenkrat v segreto 8-palčno ponev, ki se ne sprijema, na srednji vročini. Kuhajte 2 minuti ali dokler testo ni suho; obrat. Kuhajte še 1 minuto. Odstranite in pokrijte žično stojalo; ohladite 15 do 20 minut.

f) Polovico vsake pečene školjke namažemo z jogurtom. Na jogurt izmenjajte 5 rezin kivija in 5 rezin jagod. Zložite školjke, da oblikujete tacos.

g) Na spodnje polovice 6 krožnikov razporedite mangov couli v 3x4-palčne ovale.

h) Malinovo omako narežite na 2 trakova čez couli. Skozi omake vrtite z nožem.

i) Na vsak krožnik položite 1 taco poleg coulija. Vsak krožnik okrasite z malinami in meto.

73. Zelena skleda AÇAÍ s sadjem in jagodami

Naredi: 2 obroka

SESTAVINE
- ½ Açaí pireja
- ⅛ skodelice čokoladnega konopljinega mleka
- ½ banane
- 2 žlici konopljinih beljakovin v prahu
- 1 čajna žlička Maca
- Dodatki: sveže sezonsko sadje, konopljina semena, sveža banana, zlate jagode. Bele murve, goji jagode, kivi

NAVODILA
o) Vse dajte v blender, mešajte, dokler ni res gosto – po potrebi dodajte več tekočine – nato prelijte v skledo.

p) Na vrh s sadjem in čim drugim!

74. Mavrična sadna torta

Naredi: 8 obrokov

SESTAVINE
- ½ porcije sladkega testa za pite in torte

POLNILO IZ BELE ČOKOLADE
- ⅔ skodelice težke smetane
- 10 unč bele čokolade
- 1 žlica Kirsch ali belega ruma

ZAKLJUČEVANJE
- 1 pint jagod
- 2 kivija
- ½ pinta malin
- Praženi ali narezani mandlji
- Pistacije
- Slaščičarski sladkor

NAVODILA

a) Za pitno skorjo segrejte pečico na 350 stopinj in na sredino postavite rešetko. Pekač za tart namažite z maslom. Na pomokani površini razvaljajte testo in z njim obložite 9-palčni pekač za tart. Testo povsod prebodemo z konicami vilic in ga obložimo s kosom pergamenta ali povoščenega papirja.

b) Nadevamo s suhim fižolom. Torto pecite približno 20 do 30 minut, dokler ni suha in globoko zlate barve. Torto ohladite na rešetki.

c) Za čokoladni nadev zavrite smetano v srednje veliki ponvi na majhnem ognju.

d) Odstavite z ognja in naenkrat dodajte čokolado. Ponev pretresite, da je vsa čokolada potopljena in pustite stati 3 minute, da se čokolada stopi.

e) Dodamo liker in gladko zmešamo. Nadev vlijemo v skledo in ga ohladimo, dokler se ne zgosti, vendar ne strdi, približno 20 minut, občasno premešamo, medtem ko se ohladi.

f) Nadev rahlo stepemo, da postane gladek za mazanje.

g) Nadev enakomerno porazdelite po ohlajeni torti.

h)   Na čokoladni nadev v koncentričnih vrstah razporedimo sadje, ki ga rahlo potlačimo.

i)   Če želite torto odstraniti iz kalupa, postavite posodo za torto na veliko pločevinko ali posodo in pustite, da stran pekača pade stran.

j)   Torto potisnite z dna pekača na velik krožnik z ravnim dnom.

k)   Tik pred serviranjem tart obrobite z mandlji ali pistacijami in potresite s slaščičarskim sladkorjem.

75. Premier bela sadna torta

Naredi: 1 porcijo

SESTAVINE

- Pecivo za eno skorjo; 9-palčna pita
- ⅓ skodelice granuliranega sladkorja
- ¼ skodelice večnamenske moke
- 3 rumenjaki
- 1 skodelica mleka
- Paket belih ploščic za peko po 6 unč, narezanih
- 1 čajna žlička ekstrakta vanilije
- ¼ skodelice marelične marmelade; ogreti
- 2 kivija; olupljen in narezan
- 1 skodelica malin
- Premier White Leaves, neobvezno

NAVODILA

a)   Linijo 9-palčni pekač s pecivom; obrežite robove.

b)   Pecivo prebodemo z vilicami. Pecite v predhodno ogreti pečici na 425 stopinj F. 10 do 12 minut, dokler skorja rahlo ne porjavi. Ohladimo na sobno temperaturo.

c)   V ponvi zmešajte sladkor in moko; umešaj rumenjake in mleko.

d)   Kuhajte na zmernem ognju in nenehno mešajte, dokler mešanica ne zavre.

e)   Zmanjšajte toploto. Med stalnim mešanjem dušimo 3 minute, dokler se zmes ne zgosti in postane gladka. Odstranite z ognja.

f)   Dodajte pecilne palice in vanilijo; mešajte, dokler ni gladka.

g)   Pritisnite plastično folijo neposredno na površino nadeva; popolnoma ohladite.

h)   Odstranite lupino torte iz ponve. Po dnu namažite marmelado; pustite stati 5 minut.

i)   Namažemo z nadevom. Po vrhu razporedite sadje. Ohladite se. Po želji okrasite z listi Premier White Leaves.

76. Malinova torta s kivijem

Obroki: 8 oseb

SESTAVINE

- 1 skodelica sladkorja
- 11 žlic večnamenske moke
- 1 žlica vode
- 6 velikih jajc
- 1 žlica vroče vode
- 2 skodelici težke smetane
- 3 žlice rastlinskega olja
- 1 čajna žlička vanilijevega ekstrakta
- 1 skodelica malin, sesekljanih
- 2 žlici medu
- 1 skodelica narezanega kivija

NAVODILA

a) Segrejte štedilnik na 375⬚F in položite pergamentni papir na pekač 16×11.

b) Moko pretlačimo skozi cedilo v skledo za mešanje.

c) Beljake stepamo 60 sekund, da postanejo penasti, nato pa počasi dodajamo sladkor in stepamo dokler ne doseže vrhov, bolje je, če imate električni mešalnik.

d) Nato nežno dodajajte rumenjake enega za drugim in med dodajanjem stepajte 60 sekund, ko so vsi v mešanici, dodajte vodo in olje ter ponovno stepajte 10 sekund.

e) Zdaj počasi vmešajte moko in dobro premešajte.

f) Zmes za torto dodajte v pekač in pladenj nekajkrat spustite, da iz njega izstopite zrak.

g) Pečemo v pečici 12-15 minut.

h) Ko ste pripravljeni, ga vzemite ven in nanj položite pergamentni papir, nato ga obrnite navzven, odstranite papir s podstavka in ga položite na rešetko za hlajenje.

i) Medtem ko je še topel, ga zvijte s pergamentnim papirjem in ga pustite znotraj tortne rolade.

j) Pustite, da se ohladi še 10 minut.

k) Med čakanjem zmešajte med in vodo ter odložite na stran.
l) Smetano stepamo z vanilijo in preostalim sladkorjem, dokler ne doseže vrha.
m) Nato vzemite torto in jo odvijte, odstranite papir in odrežite en konec pod kotom, da dobite končni videz.
n) Torto namažite z medom in nato s kremo.
o) Dodajte kivi in maline, nato pa ga zvijte, okroglega tako, da z zunanje strani položite pergamentni papir.
p) Pustite v hladilniku 20 minut, da obdrži obliko.
q) Vzemite rezino in postrezite.

77. Rdeča žametna sadna torta

Naredi: 3 porcije

SESTAVINE

- 200 gramov Maide
- 220 gramov sladkorja v prahu
- 1 žlica kakava v prahu
- 150 ml rastlinskega olja
- 250 ml pinjenca
- 1 čajna žlička pecilnega praška
- ½ čajne žličke sode bikarbone
- ¼ čajne žličke soli
- ½ čajne žličke kisa
- 1 žlica vanilijeve esence
- ½ skodelice težke smetane

ZA OKRASITEV:

- Čokoladna umetnost
- Kivi in grozdje
- srček
- Sweet Gems

NAVODILA

a)   V skledo dodajte vse zgoraj omenjene suhe sestavine in jih presejte skupaj, da se izognete grudicam.

b)   Zdaj dodajte pinjenec, rastlinsko olje, vanilijevo esenco in pasto rdeče pese ter dobro premešajte, da dobite gladko testo.

c)   Nazadnje dodajte kis in dobro premešajte.

d)   Vzemite 1 pekač za torte velikosti 6'inch in model za mafine namažite z oljem ter potresite z Maido,

e)   vanje enakomerno vlijte testo.

f)   Mikrovalovno pečico segrejte na 180°C za 10 minut. Pečemo jih v predhodno ogreti mikrovalovni pečici 20-25 minut ali dokler niso pečene, odvisno od posamezne mikrovalovne pečice.

g)   Težko smetano stepamo 3-4 minute in pustimo stati v zamrzovalniku.

h)   Narežite kivi in grozdje.

i)   Po peki pustimo, da se ohladi in ga odstranimo iz kalupa.

j)   Na obe torti namažemo stepeno smetano in ju okrasimo z dragulji, čokolado, narezanim sadjem in nazadnje z medom.

SMOTHIJI IN NAPITKI

78. Šejk s špinačo, kivijem in chia semeni

Naredi: 2

SESTAVINE
- 1½ skodelice mandljevega mleka
- 1 skodelica pakirane špinače
- 1 zrel kivi, olupljen in narezan na koščke
- 2 merici vanilijevega beljakovinskega prahu
- 1 žlica chia semen
- peščica ledenih kock

NAVODILA
a)   Mešajte do gladkega.
b)   Po potrebi poskusite in prilagodite led ali sestavine.

79. Robida, kivi in limona

Naredi: 4 porcije

SESTAVINE
- 1 kivi, olupljen in narezan na četrtine
- 1 limona, narezana na kolesca
- 4 robide

NAVODILA
a) Sestavine dajte v galonsko stekleno posodo.
b) Prilijemo filtrirano vodo in premešamo, da se dobro premeša.
c) Uživajte z ledom!

80. Kivi in žajbljeva voda

Naredi: 6 obrokov

SESTAVINE
- 1 kumaro, olupljeno in narezano
- 1 žlica svežega žajblja
- 4 kivije, olupljene in narezane na četrtine
- 6 skodelic vode

NAVODILA
a) V vrč dajte kumare, kivi, žajbelj in štiri skodelice vode.
b) Mešajte dokler se ne zmeša in ohladite v hladilniku.
c) Preostali dve skodelici vode dodajte tik preden postrežete.
d) Premešamo in postrežemo ohlajeno.
e) Uživajte!

81. Kivi in liči zapečeta

Naredi: 4 porcije

SESTAVINE
- 2 žlici zdrobljenega ličija
- 3 skodelice sode
- 3 žlice rezin kivija

NAVODILA
a)   V mešalniku ali kuhinjskem robotu zmešajte rezine kivija in liči z 1 skodelico sode.

b)   Dodajte preostanek soda vode in premešajte, da se dobro premeša. Postrezite preko ledenih kock.

82. Tropski raj

Naredi: 4 porcije

SESTAVINE
- 1 kivi, olupljen in narezan
- 1 vanilijev strok, razrezan po dolžini
- ½ manga, narezanega na kocke

NAVODILA
a) Mango, kivi in strok vanilije dajte v 64-unčni vrč.
b) Dajte v filtrirano vodo ali kokosovo vodo.
c) Ohladite, preden postrežete.

83. Smoothie s kivijem

Naredi: 2 obroka

SESTAVINE

- 3 kivije, olupljene in narezane
- 1 banana, narezana
- 1 skodelica mlade špinače
- ½ avokada
- 2 žlici mandljevega mleka
- 2 skodelici mandljevega mleka
- 1 skodelica ledu
- 1 čajna žlička chia semen
- Ingverjeva rezina

NAVODILA

a)   Čez noč ali vsaj za 30 minut namočite 2 skodelici mandljevega mleka s chia semeni.

b)   Nalijte na dno kozarca.

c)   V hitrem mešalniku zmešajte kivi, banano, led, ingver, avokado, špinačo in 2 žlici mandljevega mleka do gladkega.

d)   Prelijemo s chia pudingom.

e)   Uživajte!

84. Kivi Margarita

Naredi: 2-3

SESTAVINE

PIRE KIVI

- 4 kivije, olupljene in narezane na kocke
- ½ skodelice vode
- ¼ skodelice rjavega sladkorja

MARGARITA MIX

- 6 unč Tequila Blanco
- 4 unče kivijevega pireja
- 2 unči pomarančnega likerja
- 2 unči limetinega soka
- 2 skodelici ledu

GARNIRAJ

- Košer sol, rezina limete in rezina kivija

NAVODILA

PIRE KIVI

a)   Sestavine damo v ponev na srednji ogenj.

b)   Dobro premešajte, da se združi, dokler se sladkor ne raztopi. To naj traja približno 2 minuti

c)   Pokrijte in kuhajte, dokler se kivi ne zmehča.

d)   Zmes prenesite v mešalnik in mešajte, dokler ni gladka.

e)   Nalijte v posodo in uporabite po potrebi.

MARGARITA MIX

a)   Zmešajte vse sestavine za mešanico margarite in postrezite v s soljo obrobljenem kozarcu za margarito.

85. Smoothie iz kivija in melone

Naredi: 2

SESTAVINE
- 2 kivija, olupljena in narezana
- 1 skodelica medene melone, olupljena in narezana
- ½ čajne žličke nasekljanega svežega ingverja
- 1½ merice nesladkanega beljakovinskega prahu
- ½ žlice svežega limetinega soka
- 1¾ skodelice svežega grozdnega soka
- ¼ skodelice ledenih kock

NAVODILA
a)   V močnem blenderju zmešajte vse sestavine in zmiksajte do gladkega.
b)   Smoothie takoj prelijemo v dva kozarca in postrežemo.

86. Smoothie iz ohrovta in kivija

Naredi: 2

SESTAVINE
- 1 skodelica ohrovta, sesekljanega
- 2 jabolka
- 3 kiviji
- 1 žlicalansemena
- 1 žlica matičnega mlečka
- 1 skodelica zdrobljenega ledu

NAVODILA
a)   Zmešajte v mešalniku.
b)   Postrezite.

87. Mavrični kokosov smoothie

Naredi: 6

SESTAVINE
NA PRIPRAVO
- 2 mandarine, olupljene in narezane na koščke
- 1 skodelica narezanega ananasa
- 1 skodelica na kocke narezanega manga
- 1 skodelica narezanih jagod
- 1 skodelica borovnic
- 1 skodelica robid
- 1 kivi, olupljen in narezan
- 2 skodelici mlade špinače
- ½ skodelice kokosovih kosmičev

SLUŽITI
- 2 skodelici kokosove vode

NAVODILA

a)	V veliki skledi zmešajte mandarine, ananas, mango, jagode, borovnice, robide, kivi, špinačo in kokos.

b)	Razdelite med 6 zamrzovalnih vrečk z zadrgo. Zamrznite do enega meseca, dokler ni pripravljen za postrežbo.

c)	Vsebino ene vrečke dajte v mešalnik in dodajte ⅓ skodelice kokosove vode. Mešajte do gladkega. Postrezite takoj.

88. Kiwi daquiri

Naredi: 2 obroka

SESTAVINE
- 1 kivi, olupljen in narezan
- 3 čajne žličke sladkorja
- 1 žlica limetinega soka
- 2 unči ruma
- 1 kapljica zelene jedilne barve
- 8 Ledene kocke, zdrobljene
- 2 tanki rezini kivija

NAVODILA
a) Vse sestavine, razen rezin kivija, pretlačite v mešalniku do gladkega.
b) Postrezite v kozarcih s peclji in vsak rob vsakega kozarca okrasite z rezino kivija.

89. Hladilnik za kivi

Naredi: 4 porcije

SESTAVINE
- 8 kivijev, olupljenih in narezanih
- 4 skodelice Sprite
- Sok 2 pomaranč
- Ledene kocke

NAVODILA

a)   Kivije zmešajte v mešalniku, dokler niso gladki, in precedite sok.

b)   Kivijev sok, Sprite in pomarančni sok dajte v vrč in premešajte, da se povežejo.

c)   Vsak kozarec napolnite z ledom in mešanico razdelite med kozarce.

90. Jagodno-kivijev smoothie

Naredi: 1 porcijo

SESTAVINE
- ½ skodelice mleka
- 1 pol litra svežih jagod, opranih in oluščenih
- 1 kivi, olupljen
- 2 čajni žlički sladkorja
- 1 liter vanilijevega sladoleda

NAVODILA
a)   V blenderju mešajte vse sestavine razen sladoleda, dokler sadje ne postane pire.
b)   Dodajte sladoled in mešajte, dokler ni gladka in gosta.
c)   Postrezite takoj.

91. Zeleni smutiji z jabolkom in kivijem

Naredi: 2

SESTAVINE
- 1 banana, olupljena
- 1 veliko zeleno jabolko, očiščeno in narezano
- 3 kiviji, olupljeni in narezani na kocke
- 1 skodelica nesladkanega jogurta
- 1 skodelica vode
- 2 skodelici špinače

NAVODILA
a) V blender dodajte sestavine po vrstnem redu in mešajte do gladkega.

92. Smoothie s kivijem, ingverjem in banano

Naredi: 4

SESTAVINE
- 3 kivi
- 4 žlice bio ovsene kaše
- 1 banana
- 8 ledenih kock
- 200 ml bio mleka
- 250 g bio naravnega jogurta brez maščobe
- ½ cm kosa svežega ingverja, drobno naribanega
- med, neobvezno

NAVODILA
a)   Smutiji so običajno najlažji način, da otroke spodbudite, da poskusijo različne vrste sadja. Preprosto se odločite za dobro kombinacijo okusov, vse skupaj požvižgajte in popijte! Otroci bodo radi sodelovali pri izdelavi teh.

b)   Kivi z vrha in repa ter jih postavite na konce. Z ostrim nožem odrežite kožo v navpičnih trakovih. Kivi s preostalimi sestavinami, razen medu, stepamo v blenderju 30 sekund in nalijemo v 4 visoke kozarce. Po želji sladkajte z malo medu.

93. Limonada s kivijem

Naredi: 4

Sestavine
- 4 olupljeni kiviji
- 12-unčna pločevinka zamrznjenega koncentrata limonade, odmrznjena
- 3 skodelice gazirane limonino-limetine pijače, ohlajene

NAVODILA
a)   Kivi narežemo na koščke.
b)   Krhlje sadja in koncentrat limonade pretlačite v kuhinjskem robotu do gladkega.
c)   Mešanico prelijte skozi žično mrežasto cedilo v vrč, pri čemer zavrzite trdne delce.
d)   Tik pred serviranjem vmešajte limonino-limetin napitek.

94.   Mavrični kokosov smoothie

SESTAVINE

NA PRIPRAVO

- 2 mandarine, olupljene in narezane na koščke
- 1 skodelica narezanega ananasa
- 1 skodelica na kocke narezanega manga
- 1 skodelica narezanih jagod
- 1 skodelica borovnic
- 1 skodelica robid
- 1 kivi, olupljen in narezan
- 2 skodelici mlade špinače
- ½ skodelice kokosovih kosmičev

SLUŽITI

- 2 skodelici kokosove vode

NAVODILA

a) V veliki skledi zmešajte mandarine, ananas, mango, jagode, borovnice, robide, kivi, špinačo in kokos.

b) Razdelite med 6 zamrzovalnih vrečk z zadrgo. Zamrznite do enega meseca, dokler ni pripravljen za postrežbo.

c) PRIPRAVA ENE PORCIJE: Vsebino ene vrečke dajte v mešalnik in dodajte ⅓ skodelice kokosove vode. Mešajte do gladkega.

d) Postrezite takoj.

95. Kiwi Guava Burst Smoothie

Naredi: 2

SESTAVINE
- 1 kivi
- 1 guava
- 1 skodelica kokosove vode
- Sveže vejice mete
- ledene kocke

NAVODILA
- Kivi in guavo narežite na majhne koščke in vse sestavine zmešajte.

96. Blue Smoothie Bowl

Naredi: 1 skledo za smoothie

SESTAVINE
- 1 ½ zrele banane, olupljene in zamrznjene
- 1 skodelica svežega manga, zamrznjenega
- ½ skodelice jogurta iz kokosovega mleka
- ¼ skodelice nesladkanega mandljevega mleka ali kokosovega mleka
- ¼ skodelice pomarančnega soka
- 1 čajna žlička limetine lupinice
- 2 do 3 čajne žličke prahu modre spiruline ali cvetov modrega graha
- ½ skodelice ledu

PRELIVI:
- ⅓ skodelice paleo müslija Bob's Red Mill
- ¼ skodelice svežih borovnic
- 1 olupljen in narezan kivi
- ¼ skodelice svežega manga, olupljenega in narezanega

NAVODILA
- Dodajte vse sestavine za skledo za smoothie v mešalnik in mešajte do gladkega.
- Modri smoothie nalijte v skledo in ga prelijte s paleo musliji in svežim sadjem.

97. Spirulina sadni smoothie

Naredi: 2

SESTAVINE
- Kivi
- ¼ skodelice jagod
- ½ skodelice jogurta
- ½ skodelice ledenih kock
- 1 čajna žlička spiruline

NAVODILA
a) Sestavine zmešajte v električnem mešalniku in nato zmes vlijte v visok razred. Priporočljivo je, da ga popijete takoj po pripravi.
b) Dodate lahko kivi, banane, mango in okuse mete ali ingverja, vse je odvisno od vas in vaših želja.

98. Rožmarinova voda

Naredi: 4 porcije

SESTAVINE
- 1 sveža vejica rožmarina, nežno zmečkana
- 1/2 grenivke, narezane na kolesca
- 1/2 olupljenega in narezanega kivija

NAVODILA
a) Sestavine dajte v vrč.
b) Prilijemo kokosovo vodo in mešamo, dokler se ne zmeša.
c) Ohladite čez noč.

99. Izbruh grozdja in melone

Dobitek: 3 porcije

1 skodelica zelenega grozdja brez pečk
1 limona, olupljena
1⁄4 majhne medene melone
2 kivija, olupljena
3⁄4 skodelice špinače, natrgane na koščke

1. Natančno zmešajte sok, da se zmešajo vse zgornje sestavine.
2. Takoj postrezite in uživajte!

100. Zeleno in njam

Dobitek: 2 obroka

1 kivi, olupljen
1 breskev brez koščic
2 jabolki
2 skodelici sesekljanega gorčičnega zelenja
2 stebli zelene

1. Potisnite sestavine v sokovnik.
2.Nalijte v kozarce in takoj postrezite.

ZAKLJUČEK

Kiviji so majhni sadeži, ki vsebujejo veliko okusov in veliko vitaminov, mineralov in močnih rastlinskih spojin. So sladki, enostavni za uživanje in zelo hranljivi. Poleg tega ti majhni sadeži ponujajo nekaj impresivnih koristi za zdravje. Uživanje kivija je odličen način za povečanje porabe vitamina C ter številnih drugih antioksidantov in protivnetnih spojin. Kivi lahko koristi tudi zdravju vašega srca in prebavnega sistema!